www.tredition.de

AF217698

Als promovierter Physiker arbeite ich seit mehreren Jahren in der Problemlösung eines multinationalen deutschen Unternehmens. Neben der aktiven Arbeit an Fällen, unterstütze ich als Trainer und Coach nationale und internationale Bereiche in der Anwendung. Dabei führe ich Trainings in spanischer, englischer und deutscher Sprache durch.

Was sind Sie?

_____ Ein Mensch

Ich meine doch, was sie arbeiten.

_____ Ich arbeite an mir.

Sonst tun Sie nichts?

_____ Doch, wenn ich Zeit habe.

Und was tun Sie dann?

_____ Das ist nicht so wichtig.

Autor unbekannt

Dr. Oliver Friedrichs

Problem Solving

Über das Lösen von Problemen

www.tredition.de

© 2018 Dr. Oliver Friedrichs

Verlag und Druck: tredition GmbH, Hamburg

ISBN
Paperback: 978-3-7469-3714-4
Hardcover: 978-3-7469-3715-1
e-Book: 978-3-7469-3716-8

Inhalt

Vorwort _____ 7

Kapitel 1 - Was ist Problem Solving? _____ 11

Kapitel 2 - Denkfehler _____ 25

Kapitel 3 - Was ist ein Problem? _____ 55

Kapitel 4 - Was ist das Problem? _____ 63

Kapitel 5 - Was ist die Ursache? _____ 69

Kapitel 6 - Einseitige Wahrnehmung/
              Bewusste und unabsichtliche
              Beeinflussung _____ 75

Kapitel 7 - Wie löst man das Problem
              endgültig? _____ 83

Kapitel 8 - Technische Problemlösung/ 8D _ 89

Kapitel 9 - Rahmenbedingungen zum
              erfolgreichen Problemlösen ___ 111

Schlusswort _____ 121

Danksagung _____ 125

Anhang _____ 128

Vorwort

„Alles Leben ist Problemlösen."

Karl Popper, österreichisch-britischer Philosoph

„Wahnsinn ist die gleichen Fehler zu wiederholen und ein anderes Ergebnis zu erwarten."

Unbekannter Autor

„Wenn etwas schiefgehen kann, dann wird es auch schiefgehen."

Edward Aloysius Murphy Jr., US-amerikanischer Air Force-Ingenieur

„Alles Gute auf der Welt kann nicht sein ohne das Schlechte, und es gibt immer mehr Böses als Gutes."

Aleksej Andreevic Arakceev, Russischer General und Staatsmann

Wer kennt das nicht. Es gibt so manche Tage, an denen alles schiefgeht und wo man besser im Bett liegen bleiben sollte. Gründe genug dafür gibt es zahlreiche:

- Der Wecker klingelt nicht. Man kommt zu spät zur Arbeit und verpasst einen wichtigen Termin.
- Der Hochzeitstag ist wieder fällig und man erinnert sich an alles nur nicht daran; natürlich mit fatalen Folgen, wie jeder nachvollziehen kann, der verheiratet ist.
- Man geht zum Arzt, eine Routineuntersuchung. Danach geht man heim mit einer erschütternden Diagnose.

Beispiele gibt es genug und jeder hat sie zum Teil schon am eigenen Leibe durchlebt. Das alles sind Probleme, die uns im Laufe unseres Lebens zum größten Teil unvorbereitet, manchmal hart und manchmal weniger hart, treffen.

Unser intuitives Wissen, was wir mit der Zeit immer weiter aufbauen, ist uns dabei oft nur eine geringe Hilfe. In vielen Fällen stört es sogar regelrecht. Es erschwert die Ursachen- und Lösungsfindung und führt zu einem inkonsequenten und unstrukturierten Angehen der Probleme. Darüber und wie man dem begegnet handelt dieses Buch.

Das Buch ist einer breiten Leserschaft gewidmet. Neben einem Exkurs in die Welt der technischen Problemlösung handelt es vor allem von der Problemlösung, die man auch im alltäglichen Leben anwenden kann.

Zum einen möchte ich dabei die Schwierigkeiten beim Lösen von Problemen aufzeigen. Durch Veranschaulichung und Erklären der ablaufenden Prozesse riskiere ich einen Blick in den Spiegel. Wir als vermeintlich rationale Menschen begehen immer wieder die gleichen Fehler und tappen in die gleichen Fettnäpfchen. Dabei sind wir uns oftmals nicht einmal dessen bewusst.

Zum anderen möchte ich einen Leitfaden vorstellen, der durch einen systematischen und strukturierten Ansatz zu einer besseren und effektiveren Problemlösung führt. Dabei ist es mir vor allem ein Anliegen Denkanstöße zu geben und zur Selbstreflexion anzuregen. Manchmal ist das Bild, was wir von uns haben, ein ganz anderes, als es in Wirklichkeit ist. Es geht hier nicht um den erhobenen Zeigefinger, sondern vielmehr um die Erkenntnis, dass wir noch viel zu lernen und zu verbessern haben.

Worum geht es nicht in diesem Buch?

Wer in diesem Buch etwas grundlegend Neues sucht, wird hier nicht fündig. Alles was hier geschrieben steht, ist von jemand anderem bereits fundierter und ausführlicher beschrieben worden. Es gibt viele Spezialisten auf diesem Thema, viele sehr intelligente und fachlich versierte Menschen, die sich ihr Leben lang damit auseinandergesetzt haben und sehr tiefgreifende und wichtige Abhandlungen dazu geschrieben haben.

Ich zähle mich nicht zu diesen Spezialisten. Ich zähle mich zu denjenigen, die noch viel zu lernen haben. Ich zähle mich zu denjenigen, die interessiert und vor allem neugierig darauf sind, was das Leben noch an interessanten Dingen zu bieten hat. Und davon gibt es aus eigener Erfahrung einiges, was teilweise direkt unter der Oberfläche schlummert und nur darauf wartet entdeckt zu werden.

Noch ist es an der Zeit das Buch beiseite zu legen. Die eigene Zeit ist ein kostbares Gut und man sollte sie gut und sinnvoll investieren. Wer trotz dieser Warnung aber noch immer interessiert sein sollte, sei herzlich eingeladen mir auf meiner kurzen Reise durch die Welt der Problemlösung zu folgen.

Kapitel 1 - Was ist Problem Solving?

„Je hektischer (manche nennen es fälschlicherweise dynamischer) man ist, desto größer wird der Aufwand, den man betreiben muss, um ein Ziel zu erreichen."

Richard Vizethum, Unternehmer und Coach zum Thema Führung

„Am meisten Energie vergeudet der Mensch mit der Lösung von Problemen, die niemals auftreten werden."

William Somerset Maugham, englischer Erzähler und Dramatiker

„Die meisten Menschen verschwenden die meiste Zeit darauf, Probleme zu wälzen, anstatt sie zu lösen."

Curt Goetz, deutsch-schweizerischer Schriftsteller und Schauspieler

Der hier vorgestellte Problemlösungsansatz kann auf jede Art von Problemen angewendet werden. Das umfasst sowohl die kleinen alltäglichen Probleme als auch komplexere Probleme, bei denen es vor allem in der Industrie schnell um Millionenbeträge geht und die oft interdisziplinäre Arbeit unter Zuhilfenahme verschiedenster statistischer und analytischer Methoden erfordern. Die Auswirkung einer gestoppten Produktion bzw. auch eines Rückrufs kann in der Industrie ein erhebliches Ausmaß erreichen, welches sogar je nach Schwere existenzgefährdend für die Firma sein kann.

Gemeinsam ist bei allen Problemen folgendes Vorgehen bei der Problemlösung (Problem Solving):

- Problem identifizieren
- Problem verstehen
- Problem auf Dauer abstellen

Das sind die zentralen Pfeiler der hier vorgestellten Problemlösungsmethode. Ähnlich wie bei der in Abbildung 1 dargestellten Dominoreihe müssen zunächst alle drei Phasen nacheinander durchlaufen werden um ans Ziel zu kommen (erst wenn der letzte Stein fällt ist das Problem beseitigt). Rekursionen im Verlauf der Problemlösung, bei denen man wieder auf vorherige Phasen zurückgeht, sind dabei nicht nur erlaubt, sondern meistens auch die Regel. Im Verlaufe des Prozesses können immer wieder neue und nicht berücksichtigte Aspekte auftreten, die eine Flexibilität und ein Nachjustieren voraussetzen.

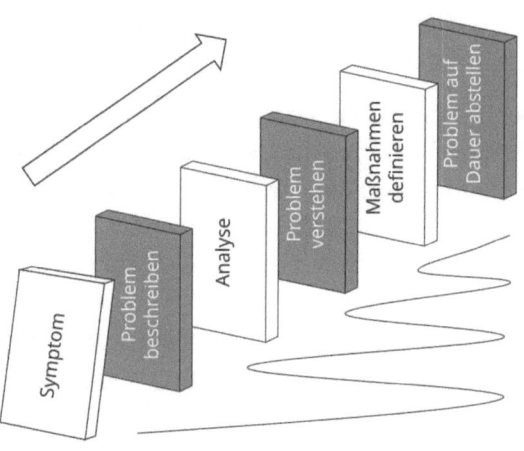

Abbildung 1: Die Phasen der Problemlösung. Die dunklen Dominosteine zeigen die drei Pfeiler der Problemlösung.

Dabei ist zu berücksichtigen, dass man es in der Realität mit begrenzter Zeit und endlichen Ressourcen zu tun hat. Hier ist es am Problemlöser die Entscheidung zu treffen im Problemlösungsprozess weiter voranzugehen auch wenn noch nicht alles zu 100% geklärt ist.

Berühmt geworden ist in dieser Hinsicht das sogenannte Pareto-Prinzip (1). Das Pareto-Prinzip ist eine ökonomische Faustformel, die besagt, dass man oft mit nur 20% des Aufwands bereits 80% der Ergebnisse erhält. Da das im Umkehrschluss auch heißt, dass die verbleibenden 20% des Ergebnisses 80% Aufwand verlangen, sollte man sich gut überlegen ob man nicht schneller, besser und effektiver damit fährt zunächst nicht das Optimum anzustreben.

Das oben beschriebene Vorgehen zur Problemlösung mit den drei Pfeilern klingt auf den ersten Blick banal. Die Realität ist aber, dass dieses so nur selten bzw. unzureichend umgesetzt wird. Beliebte Fehler, die dabei begangen werden, werden im Folgenden kurz beschrieben:

<u>Man versucht das Problem zu lösen bevor man es ausreichend analysiert und die Ursachen verstanden hat</u>

Man möchte das Problem so schnell es geht vom Tisch haben und geht direkt dazu über mögliche Lösungen umzusetzen. Ob diese wirklich Sinn machen ist zunächst zweitrangig. Dabei kommt es schnell vor, dass man sich in etwas verrennt und keinen Blick mehr für das wirkliche Problem hat. Manchmal macht man es dann mit der vermeintlichen Lösung sogar noch schlimmer als es vorher war.

Ein Beispiel aus dem alltäglichen Leben mit zugegebenermaßen geringen Konsequenzen kennen die meisten: Man steht vor einem Automaten und möchte sein Parkticket bezahlen. Dazu kramt man seine letzten Münzen zusammen, die der Automat aber leider nicht annimmt. Man fängt nun an diese am Metall der Maschine zu reiben. Und siehe da, es scheint zu funktionieren. Die Münzen, die zuvor noch durchgefallen sind, werden nun akzeptiert.

Was die meisten dabei aber nicht wissen, ist, dass dies nichts mit dem Reiben zu tun hat. Es gibt keinen physikalischen Effekt, der dies erklären könnte. Die Münzen wären auch ohne vorheriges Reiben angenommen worden, einfach durch den wiederholten Versuch. Das Problem hätte sich hier von ganz alleine gelöst.

Achten Sie beim nächsten Mal darauf. Das Metall an vielen Münzautomaten ist durch diese vermeintliche Problemlösung bereits stark abgerieben.

<u>Man setzt an den Symptomen an und nicht an dem eigentlichen Problem</u>

Von dem eigentlichen Problem sieht man zunächst nur die augenscheinlichen negativen Auswirkungen, die hier auch als Symptome bezeichnet werden. Wie bei einem Eisberg, bei dem ca. 90% unterhalb der Wasseroberfläche liegt, sieht man von dem eigentlichen Problem oft auch nur einen Bruchteil (siehe Abbildung 2).

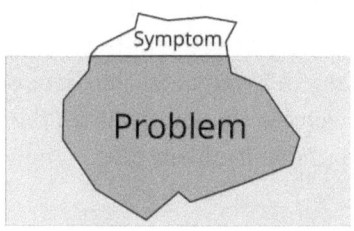

Abbildung 2: Eisbergmodell zur Veranschaulichung des Unterschieds zwischen Symptom und Problem

Die Verwechslung von Auswirkungen, sprich Symptomen, mit dem eigentlichen Problem ist ein sehr beliebter Fehler und häufig ein Grund dafür warum die Problemlösung fehlschlägt. Wenn etwas nicht funktioniert, kann es viele Ursachen dafür geben. Grenzt man das Problem nicht hinreichend genau ein, kann die Problemlösung sehr schnell sehr komplex werden. Alle möglichen Ursachen für die beobachteten Symptome zu beleuchten, kann letztendlich auch zum Ziel führen, ist aber meistens sehr aufwendig und zeitintensiv. Dies führt häufig dazu, dass die Problemlösung vorzeitig abgebrochen wird.

Vor allem auch durch das Internet ist die Selbstdiagnostik von Patienten ein großes Thema. Bevor überhaupt erst ein Arzt aufgesucht wird, suchen viele Menschen bereits nach Ursachen für ihre Beschwerden im Internet. Da sie hier von Symptomen ausgehen, finden sie alle möglichen Ursachen und sind häufig stark verunsichert. Kopfschmerzen können schließlich von einer Erkältung aber auch von einem Hirntumor herrühren. Nun ist es häufig die Aufgabe des Arztes die Patienten wieder zu beruhigen und erst einmal das wirkliche Problem und die dazugehörigen Ursachen zu ermitteln. Viele Dinge lassen sich von vornherein bereits ausschließen, wenn man zum einen das notwendige Expertenwissen hat und zum anderen das eigentliche Problem besser analysiert und eingegrenzt hat.

Man hinterfragt zu wenig

Gerade bei Problemen im zwischenmenschlichen Bereich ist häufig eine mangelnde Kommunikation das eigentliche Problem. Missverständnisse entstehen, da die unterschiedlichen Positionen nicht hinterfragt werden und jeder sich sein eigenes subjektives Bild macht.

Folgende Geschichte dazu, die dieses Phänomen recht überspitzt veranschaulicht, wurde von Paul Watzlawick in seinem berühmt gewordenen Buch „Anleitung zum Unglücklich sein" veröffentlich (2):

>> Ein Mann will ein Bild aufhängen. Den Nagel hat er, nicht aber den Hammer. Der Nachbar hat einen. Also beschließt unser Mann hinüberzugehen und ihn auszuborgen. Doch da kommt ihm ein Zweifel: Was, wenn der Nachbar mir den Hammer nicht leihen will? Gestern schon grüßte er mich nur so flüchtig. Vielleicht war er in Eile. Vielleicht hat er die Eile nur vorgeschützt, und er hat was gegen mich. Und was? Ich habe ihm nichts getan; der bildet sich da etwas ein. Wenn jemand von mir ein Werkzeug borgen wollte, ich gäbe es ihm sofort. Und warum er nicht? Wie kann man einem Mitmenschen einen so einfachen Gefallen abschlagen? Leute wie dieser Kerl vergiften einem das Leben. Und dann bildet er sich noch ein, ich sei auf ihn angewiesen. Bloß weil er einen Hammer hat. Jetzt reicht´s mir wirklich. - Und so stürmt er hinüber, läutet, der Nachbar öffnet, doch bevor er "Guten

Tag" sagen kann, schreit ihn unser Mann an: "Behalten Sie Ihren Hammer".<<

Man geht nicht an den Ort wo der Fehler aufgetreten ist (Go to Gemba)

Häufig versucht man Probleme vom Schreibtisch/ bzw. vom Sofa aus zu lösen. Viele Aspekte werden aber erst klar, wenn man sich an den Ort des Geschehens begibt. Ein Bild sagt oftmals mehr als tausend Worte. Und dieses Bild kann man sich in vielen Fällen erst vor Ort richtig machen.

Dabei ist zum einen der räumliche Ort gemeint, zum anderen aber auch, dass man direkt zu den betroffenen Leuten geht und das Problem mit ihnen bespricht. Hierbei kann sich das Problem schnell ganz anders darstellen als man es ursprünglich betrachtet hat.

Gerade Politikern wird in der heutigen Zeit immer wieder vorgeworfen, dass sie zu realitätsfern sind und sich mehr darum kümmern sollten, was Menschen wirklich bewegt. Hier wird das „Go to Gemba" sogar von der Bevölkerung eingefordert. Von Politikern wird gefordert, dass sie auf Ihre Wähler zugehen und sich Ihre Sorgen und Nöte vor Ort anhören. Warum sollten wir uns anders verhalten?

Man versteht das zugrundeliegende System zu wenig

Bei vielen Themen halten wir uns für vermeintliche Experten, obwohl wir das bei weitem nicht sind. Das reicht von der besten Aufstellung einer Fußballmannschaft bis zu engagiert geführten politischen Diskussionen im Freundeskreis. In vielen Fällen fehlt uns aber der notwendige Hintergrund und wir verfallen leicht einfachen und vordergründigen Erklärungen. Als Folge davon sehen wir den sich immer mehr verbreitenden und immer beliebter werdenden Populismus.

Bei einfachen Erklärungen fühlen wir uns wohl, da wir den subjektiven Eindruck haben, die Welt um uns herum zu verstehen und erklären zu können. Der wirklichen, immer komplexer und vernetzter werdenden Welt stehen wir dagegen häufig relativ hilflos entgegen.

Man verliert den Überblick (fehlende Struktur/Systematik)

Bei fehlender Struktur und systematischem Vorgehen wachsen uns die Dinge über den Kopf und wir verzetteln uns. Es lässt sich hier schnell das eigentliche Problem aus den Augen verlieren. Resultat kann dann sein, dass man das Problem erst einmal wieder zur Seite legt oder, dass man in operative Hektik und Aktionismus verfällt. Beides ist denkbar ungünstig für eine effektive Problemlösung.

Diese Aufzählung könnte man noch mit vielen Punkten erweitern. Indem wir unsere Unzulänglichkeiten erkennen, kann das Bild von uns selber schnell ins Wanken geraten.

Warum begehen wir alle dieser Fehler?

Die Erklärung liegt vor allem in unserer Vergangenheit. Den Menschen gibt es seit mehr als 4 Millionen Jahren (3). Über diese Zeit haben sich Denkmuster entwickelt, die uns früher das Leben gerettet haben. Hat man damals etwas im Gebüsch rascheln gehört, war es oft von Vorteil die Beine in die Hand zu nehmen und das Weite zu suchen. Wer das nicht tat ist irgendwann einer der vielen Gefahren und damit der evolutionären Auslese zum Opfer gefallen. Aus Evolutionssicht war es von Vorteil zunächst an einen Säbelzahntiger zu denken.

Mit der rasanten Entwicklung der Menschheit innerhalb weniger hundert Jahren durch Ereignisse wie die landwirtschaftliche, industrielle und technische Revolution, haben sich die Bedingungen unseres Lebens und damit die Welt in sehr kurzer Zeit sehr stark verändert.

Veranschaulicht dargestellt ist diese rasante Veränderung in Abbildung 3. Die Zeit vom ersten Auftreten des Homo Sapiens vor ca. 300.000 Jahren bis heute ist hier zur besseren Veranschaulichung auf einen Tag mit 24

Stunden komprimiert worden. Wichtige Ereignisse während der Entwicklung des Homo Sapiens sind exemplarisch auf dieser Zeitskala dargestellt.

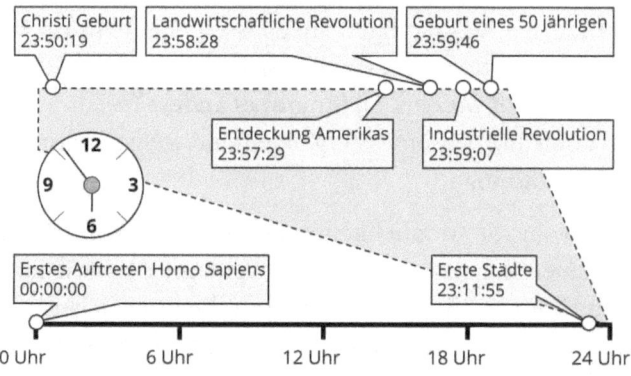

Abbildung 3: Menschheitsgeschichte in einem Tag

Auffällig ist sofort, dass man über die meiste Zeit sehr wenig weiß. Erst kurz vor Ende des Tages passiert plötzlich sehr viel. Die Grundlagen für die Errungenschaften der heutigen Welt, wie beispielsweise die landwirtschaftliche und industrielle Revolution, treten hier erst ca. 1 ½ Minuten vor Mitternacht auf und unser Leben erst wenige Sekunden vor Ende des Tages. Berücksichtigt man zudem, dass die ersten Ur-Menschen schon vor ca. 4,3 Millionen Jahren, bzw. in dieser Darstellung bereits vor 2 Wochen aufgetreten sind, zeigt das sehr deutlich die im

Vergleich zur menschlichen Evolution rasante und weitreichende Änderung des menschlichen Umfelds.

Das grundlegende Problem, das diese Zahlen veranschaulichen, ist, dass es auf Grund der Schnelligkeit der gesellschaftlichen Entwicklung keine Zeit gab sich den veränderten Bedingungen anzupassen. Heute muss man in der Regel keine Angst mehr haben von wilden Tieren angefallen zu werden. Dafür gibt es andere Gefahren, die wir aufgrund unserer Vergangenheit weniger gut einschätzen können.

Sowohl die Möglichkeiten als auch die Anforderungen haben sich in kürzester Zeit exponentiell vervielfacht. Heute können am Schreibtisch Entscheidungen getroffen werden, die so weitreichend sind, dass sie entscheidenden Einfluss auf tausende, wenn nicht sogar auf Millionen und Milliarden von Menschen haben. Die Säbelzahntiger von heute sind dabei aber nicht nur Politiker, Banker, Großindustrielle und andere Leute ausgestattet mit erheblicher Macht und Einfluss.

Die Säbelzahntiger sind teilweise wir selber. Heute haben wir es viel mehr in der Hand wie unser Leben verläuft und welchen Gefahren wir uns dabei bewusst und unbewusst selber aussetzen. Unsere Probleme sind dabei (zumindest in der entwickelten Welt) nicht mehr die primären Gefahren wie Verhungern oder Erfrieren, sondern versteckte Gefahren wie Vereinsamung, Isolation, Sucht, etc. Aus der Vielzahl der Möglichkeiten, die wir heute haben fällt es uns zusehends schwer das Richtige auszuwählen und unseren Weg zu wählen.

Die Art des Denkens ist dabei zum großen Teil immer noch auf dem Stand von damals (4). Instinkte und Triebe bestimmen zusammen mit den Beschränkungen von Wahrnehmung und Verstand unbewusst einen großen Teil unseres Verhaltens. Alte Denkmuster und Verhaltensweisen erschweren uns dabei oft das Leben und leiten uns fehl. Das führt zu teilweise irrationalem Verhalten verbunden mit Denkfehlern, bei dem wir oftmals nicht mal wissen, dass wir sie begehen. Die Realität in unseren Köpfen deckt sich nicht unbedingt mit der Realität um uns herum, um nicht sogar zu sagen: Wir schaffen uns unsere eigene Realität.

Kapitel 2 - Denkfehler

„Wir sehen nicht die Dinge, wie sie sind, sondern wir sehen sie, wie wir sind."

Talmud, eines der bedeutendsten Schriftwerke des Judentums

„Nicht was wir sehen, wohl aber wie wir sehen, bestimmt den Wert des Geschehenen."

Blaise Pascal, französischer Mathematiker, Physiker, Literat und christlicher Philosoph

„Wir sind, was wir denken. Alles, was wir sind, entsteht aus unseren Gedanken. Mit unseren Gedanken formen wir die Welt."

Siddhartha Gautama, auch als Buddha bekannt

Die Gründe für eine unzureichende bzw. fehlerhafte Problemlösung liegen häufig in unserer Wahrnehmung und unserem Denken. Dabei ist zum einen entscheidend wie wir Informationen von außen wahrnehmen und zum anderen wie wir diese verarbeiten.

Der Kontakt zur Außenwelt erfolgt über unsere Sinne. Dort wird eine ungeheure Vielzahl von Information generiert, die wir unmöglich in ihrer Gesamtheit verarbeiten können. Pro Sekunde werden ca. 11 Millionen Sinneseindrücke von ebenso vielen Sinneszellen an unser Gehirn geschickt. Davon nehmen wir jedoch nur etwa 40 Eindrücke bewusst wahr (5). Hier kommt zwangsläufig die erste Filterung zum Einsatz und nur ein Bruchteil der eingehenden Information wird erfasst. Man spricht auch von selektiver Wahrnehmung.

Berühmt geworden in dieser Hinsicht ist die sogenannte Millersche Zahl (6). In einem der am meisten zitiertesten Publikationen der Psychologie hat der US-amerikanische Psychologe Miller gezeigt, dass unser mentaler Arbeitsspeicher nur 7 +/- 2 Informationen gleichzeitig fasst. Das heißt beispielsweise, dass man sich bis zu 7 Ziffern relativ problemlos merken kann. Bei darüberhinausgehender Anzahl von Ziffern fällt das Erinnerungsvermögen schlagartig ab.

Ein sehr gutes Beispiel zur Veranschaulichung der selektiven Wahrnehmung ist das Experiment von Daniel J. Simons aus dem Jahre 1999 (7). In dem Experiment gibt es zwei Gruppen von Personen mit jeweils schwarzem und weißem Hemd. Diese Gruppen passen sich Basketbälle zu und man wird aufgefordert die Pässe zwischen den Personen mit weißem Hemd zu zählen. Am Ende wird nach der Anzahl der Pässe gefragt.

Falls Sie dieses wirklich verblüffende Experiment selber durchführen wollen, lesen Sie bitte hier zunächst nicht weiter. Das Video dazu finden Sie hier:

http://youtu.be/vJG698U2Mvo

Während man die Pässe zählt läuft eine als Gorilla verkleidete Person mitten durch die Gruppe, schlägt sich auf die Brust und verschwindet wieder. Haben Sie das bemerkt? Falls nicht, geht es Ihnen so wie den meisten Personen. Sie sind der selektiven Wahrnehmung zum Opfer gefallen. Die Aufgabe bedarf einer hohen Aufmerksamkeit und man ist so mit dem Zählen beschäftigt, dass der Gorilla gar nicht auffällt.

Unsere Wahrnehmung wird vor allem über den jeweiligen Kontext und unsere Erfahrung organisiert. Dabei erfolgt eine subjektive Bewertung der Situation und aus den vorgefilterten Informationen wird unser Bild der Realität gebaut. Da Menschen in Ihrem Leben unterschiedliche Erfahrungen sammeln, wie beispielsweise durch das Leben in verschiedenen Kulturkreisen, entstehen oftmals voneinander abweichende Bilder. Man kann sich leicht vorstellen, dass das die Kommunikation erschwert.

Die Verarbeitung der Information lässt sich an Abbildung 4 veranschaulichen.

Abbildung 4: Was sehen wir hier?

Wenn man fragt was auf diesem Bild zu sehen ist, bekommt man meist zur Antwort:

- Eine Familie mit kleinen Kindern
- Der Vater ist verärgert und vom Rest der Familie abgewandt
- Das rechte Kind möchte gerne zu seinem Vater laufen.

Was hier passiert ist, ist das aus den vorhandenen Informationen der Skizze Geschichten gemacht wurden. Das geht soweit, dass ich sogar bei einer Gelegenheit ganze Erklärungen dazu gehört habe, warum der Mann verärgert ist und wie sich im Folgenden die Situation entwickeln wird.

Das alles ist auf dem Bild allerdings gar nicht zu sehen. Das Bild zeigt 4 Personen, die sich auch rein zufällig gerade dort befinden könnten und es sich um eine einfache Momentaufnahme, beispielsweise an einer Straße oder in einem Bahnhof, handeln könnte.

Hier bewegen wir uns, wie so häufig auch bei der Problemlösung, auf einem schmalen Grat zwischen Fakten und Hypothesen. Immer wieder ist es zu beobachten, dass man bei der Problemlösung die imaginäre Linie in Richtung der Hypothesen überschreitet und sich nicht mehr an die vorliegenden Fakten hält.

Wie wir im Folgenden sehen werden, veranschaulicht dieses Beispiel wie unser Denken in aller Regel funktioniert und zeigt eines der grundlegenden Probleme zum Lösen von Problemen.

Der Verhaltensökonom und Nobelpreisträger Daniel Kahneman erklärt das menschliche Denken mit zwei grundsätzlich verschiedenen Systemen (8).

System 1 steht für das assoziative Denken und das teilbzw. sogar ganz automatisierte Verhalten auf Basis unsere Erfahrung und genetischen Veranlagung. In diesem System bewegen wir uns die meiste Zeit. Es funktioniert in der Regel mühelos und zum Teil sogar komplett automatisch, wie bei der Steuerung unserer Körperfunktionen (Atmung, Herzschlag, ...).

Durch das assoziieren der vorhandenen Informationen mit Dingen aus unserer Erfahrung wird es auf der einen Seite zu unserem Geschichtenerzähler. Wir verknüpfen die vorliegenden Beobachtungen zu logischen Erklärungen und füllen Lücken durch Annahmen aus. Was dabei nicht passt, wird dann passend gemacht, indem Widersprüche ignoriert werden. Auf Basis von Assoziationen erschaffen wir uns unser subjektives Bild der Welt. Auf der anderen Seite verleitet es uns zu spontanen Reaktionen basierend auf diesen Assoziationen. Damit ist System 1 sozusagen der Homer Simpson in uns (9), spontan und unberechenbar.

In diesem Bereich ist auch unser sogenanntes Bauchgefühl angesiedelt. Instinktiv meinen wir zu wissen, was die beste Entscheidung ist. Auf bisherigen Erfahrungen und den damit verbundenen Gefühlen, beurteilt System 1 die Situation. Da sich viele Situationen in ähnlicher Weise wiederholen, ist dies dann sogar oftmals die richtige Einschätzung und wir fahren gut damit der Bauchentscheidung zu folgen. Unsere Erfahrungen haben uns in der Regel gut auf viele unvorhergesehene Dinge vorbereitet.

In manchen Fällen funktioniert dieser Ansatz leider nicht. Insbesondere wenn es darum geht Probleme zu lösen, die sich unserer Erfahrung und unserem Instinkt widersetzen, kann es zu fatalen Fehlern kommen.

System 2 steht für das rationale Denken. Hier werden beispielsweise schwierigere Mathematikaufgaben gelöst. Dieses System ist oft mühsam und wir müssen uns bewusst dazu entscheiden es zu benutzen. Es ist die Grundvoraussetzung für das objektive Hinterfragen und das gezielte Angehen von Problemen. In System 2 steckt der Denker von Rodin als Symbol für die menschliche Vernunft und das rationale Denken.

Abgesehen davon, dass System 2 meist faul und träge ist, und es im Vergleich zu System 1 nur selten von uns benutzt wird, ist es auch noch der Freund von System 1. Es hilft unserem Homer Simpson, die von ihm kreierten Geschichten auch noch zu rechtfertigen. Hier tritt einer der prominentesten Denkfehler beim Problemlösen auf, der Bestätigungsfehler.

Der Bestätigungsfehler tritt immer dann auf, wenn bei einer selbst befürworteten Idee oder Hypothese nur nach Argumenten gesucht wird um diese zu bestätigen. Alles was dagegen spricht wird entweder ausgeblendet oder vernachlässigt. Dieser Denkfehler tritt gerade bei der Problemlösung immer wieder und sehr häufig auf. Hierbei sind auch Leute nicht davor gefeit, die sich für rationelle und objektive Denker halten.

Obwohl die effektive Problemlösung weitgehend auf der Vermeidung von Denkfehlern und irrationalen Verhaltensweisen basiert, werde ich nur am Rande und nicht in Tiefe darauf eingehen. Es gibt viele sehr gute Abhandlungen dazu. In den Literaturangaben finden Sie weitergehende Literatur, die ich Ihnen wärmstens ans Herz legen kann. Außerdem finden sie im Anhang eine Übersicht und eine kurze Erklärung der aus meiner Sicht für das Problemlösen relevantesten Denkfehler.

Trotzdem möchte ich Ihnen noch zur Veranschaulichung die folgenden weiter unten aufgeführten Beispiele zeigen. Gerade für eine effektive Problemlösung ist es wichtig, die eigene Fehleranfälligkeit zu kennen. Wir sind eben nicht die geborenen Problemlöser für die wir uns halten und glänzen in vielen Fällen eher durch irrationales denn durch rationales Verhalten, welches sich auch bei dessen bewusster Kenntnis nie ganz ausschließen lässt. Und wenn wir einmal wirklich rationell unterwegs sein sollten, sind auch unserer Wahrnehmung und unserem Denken schnell Grenzen gesetzt, wie wir im Folgenden sehen werden.

Selektive Wahrnehmung

Dieses Beispiel ist der Arbeit von Rolf Dobelli (10) entnommen und veranschaulicht einen Denkfehler, der unter dem Namen „Feature Positive Effect" bekannt geworden ist und häufig bei der Problemlösung auftritt:

Was fällt Ihnen an folgenden beiden Zahlenreihen auf?

----

a)   724, 947, 421, 843, 394, 411, 054, 646

----

b)   349, 851, 274, 905, 772, 032, 854, 113

Die Auffälligkeiten beider Zahlenreihen sind unterschiedlich und müssen somit getrennt voneinander bewertet werden. Versuchen Sie die Auffälligkeiten zu finden bevor Sie weiterlesen.

Bei der ersten Zahlenreihe sind Sie wahrscheinlich schnell darauf gekommen, dass jede dieser Zahlen eine 4 enthält.

a) 724, 947, 421, 843, 394, 411, 054, 646

Schwieriger fällt es den meisten bei der zweiten Zahlenreihe. Hier fehlt die Zahl 6.

b)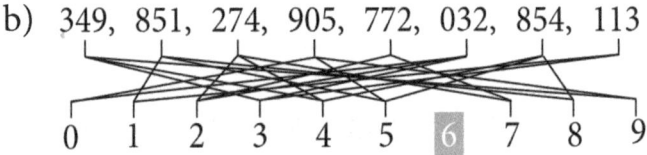

Der menschliche Geist ist darauf trainiert Gemeinsamkeiten zu finden, versagt dabei aber schnell, sobald es sich um Dinge handelt, die nicht vorhanden sind. Beim „Feature Positive Effekt" sieht man vor allem Dinge, die präsent sind, und hat Schwierigkeiten damit etwas zu beurteilen, das fehlt.

Aus diesem Grund versucht man bei der Problemlösung gezielt auch besonderen Wert auf die Dinge zu legen, die mögliche Faktoren darstellen aber nicht zu dem vorliegenden Problem geführt haben (Ist-Nicht-Analyse). Das ermöglicht eine genauere Beschreibung und Eingrenzung des Problems und gibt oft einen entscheidenden Input zu seiner Lösung.

Instinktive Einschätzung

Nachfolgendes Beispiel zeigt uns die Grenzen unserer Intuition auf:

Stellen Sie sich vor Sie schreiben auf ein handelsübliches DIN-A4-Blatt (0,1mm Dicke) das Alphabet in die erste Zeile. In 49 darunterliegenden Zeilen wiederholen Sie das Alphabet mit geänderter Reihenfolge der Buchstaben.

Nachdem Sie das erste Blatt so beschrieben haben legen Sie es vor sich hin. Danach fahren Sie mit dem nächsten Blatt fort und legen es auf das erste. Das machen Sie jetzt mit weiteren Blättern so lange bis alle möglichen Reihenfolgen (Permutationen) aufgeschrieben wurden (siehe Abbildung 5).

Nun zur Frage. Wenn Sie diese Aufgabe erledigt hätten, wie hoch wäre der entstandene Stapel Papier? Bitte schätzen Sie jetzt spontan bevor Sie zur nächsten Seite gehen.

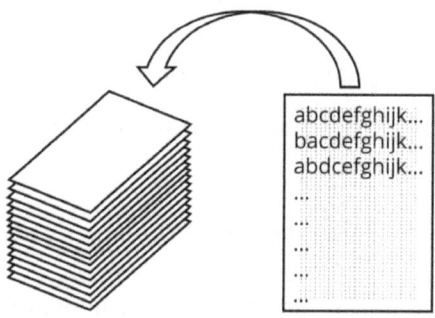

Abbildung 5: Papierstapel mit Alphabet-Permutationen

Bei dieser Schätzfrage habe ich noch niemanden erlebt, der es auch nur ansatzweise richtig erraten hätte. Viele tippen hierbei auf einige Meter bis hin zur Entfernung von der Erde bis zum Mond, was immerhin 384.000 Kilometer sind.

Die richtige Antwort lautet dagegen ca. 85.300 Lichtjahre. Das kommt dem Durchmesser unserer Milchstraße sehr nahe, der ca. 100.000 Lichtjahre beträgt. In Kilometern sind das:

806.582.922.253.212.000 km

Hieran sieht man sehr deutlich, dass wir nicht immer unserem Instinkt vertrauen sollten. In diesem Beispiel, sowie auch generell bei der Problemlösung, sollte man bei der finalen Beurteilung eine Rechnung basierend auf Fakten immer der reinen Intuition vorziehen. Nur so lassen sich im Zweifelsfall falsche Schlussfolgerungen vermeiden.

Die Rechnung funktioniert übrigens folgendermaßen:

Anzahl der Buchstaben im Alphabet = 26

Anzahl möglicher Kombination = 26 x 25 x 24 x ...= 26!

Anzahl der Blätter = 26!/50

Höhe des Stapels = 26!/50 x 0,1mm

Umgerechnet auf Lichtjahre bzw. Kilometer gibt das die oben angegebenen Werte.

Bibliothekar oder Landwirt

Ein weit verbreiteter Fehler bei der Problemlösung ist der in der Literatur bekannte Base-Rate-Effekt. Daniel Kahneman zeigt diesen Denkfehler sehr anschaulich mit seinem Beispiel über die Beschreibung eines Bibliothekar oder Landwirts (8), welches hier weiter erläutert werden soll.

>>Eine Person wird von einem Nachbarn wie folgt beschrieben:

„Steve ist sehr scheu und verschlossen, immer hilfsbereit, aber kaum an anderen oder an der Wirklichkeit interessiert. Als sanftmütiger Mensch hat er ein Bedürfnis nach Ordnung und Struktur und eine Passion für Details."

Ist Steve eher Bibliothekar oder eher Landwirt?<<

Was ist Ihre spontane Antwort?

Die meisten Personen würden Steve für einen Bibliothekar halten, da dieser eher dem typischen Stereotyp des Bibliothekars entspricht. Wenn man allerdings berücksichtigt, dass es viel mehr Landwirte als Bibliothekare gibt, relativiert sich die Einschätzung schnell. In diesem Fall hat man die Grundgesamtheit vernachlässigt. Da es, zumindest in den USA, ca. 20-mal mehr Landwirte als Bibliothekare gibt (8), gibt es sicher auch mehr Landwirte, die dieser Beschreibung entsprechen als Bibliothekare, selbst wenn das Stereotyp im Allgemeinen stimmen sollte. Es handelt sich hierbei um den sogenannten Base-Rate-Effekt, bei dem die statistische Grundverteilung vernachlässigt wird.

Bei der Problemlösung ist die Gefahr besonders groß durch Vernachlässigung der statistischen Verteilungen falsche Schlussfolgerungen zu ziehen. Daher sollte man sich immer bewusstmachen, dass es nicht nur auf die Qualität der Daten ankommt, sondern auch darauf wie repräsentativ diese sind.

Quantitativ abschätzen lässt sich hier die Wahrscheinlichkeit mit dem Bayeschen Theorem (11). Hierzu müssen wir folgendes wissen:

Die Wahrscheinlichkeit unter allen Landwirten und Bibliothekaren einen Bibliothekar zu finden liegt bei ca. 1/20 oder 5%. Somit ist die Wahrscheinlichkeit zunächst einmal viel geringer einen Bibliothekar mit der Beschreibung zu finden als einen Landwirt. Wenn man aber annimmt, dass Bibliothekare eher der Beschreibung entsprechen als Landwirte, was nicht unbedingt richtig sein muss, so muss diese Wahrscheinlichkeit nach oben korrigiert werden. Das erfolgt über einen Korrekturfaktor, der im Folgenden bestimmt wird.

Dazu müssen wir die Antwort auf folgende Fragen kennen bzw. als Antwort darauf entsprechende Annahmen treffen:

- Frage 1: Wie wahrscheinlich ist es, dass ein Bibliothekar der Beschreibung entspricht?
- Frage 2: Wie wahrscheinlich ist es, dass die Aussage auf die Grundgesamtheit aus Landwirten und Bibliothekaren zutrifft?

Der Quotient aus beiden Fragen gibt den Korrekturfaktor für die oben genannte Wahrscheinlichkeit. Nehmen wir einmal folgende Wahrscheinlichkeiten auf beide Fragen für Bibliothekare und Landwirte an:

- Frage 1: 90%
- Frage 2: 10%

So ergibt sich die Gesamtwahrscheinlichkeit für den Bibliothekar zu:

$$\text{Anzahl der Bibliothekare} \cdot \frac{\text{Wahrscheinlichkeit Frage 1}}{\text{Wahrscheinlichkeit Frage 2}}$$

$$= 5\% \cdot \frac{90\%}{10\%} = 45\%$$

...und die Gesamtwahrscheinlichkeit für den Landwirt zu:

$$\text{Anzahl der Landwirte} \cdot \frac{100\%\text{-Wahrscheinlichkeit Frage 1}}{\text{Wahrscheinlichkeit Frage 2}}$$

$$= 95\% \cdot \frac{10\%}{10\%} = 95\%$$

Selbst mit dieser sehr konservativen Abschätzung ist die Wahrscheinlichkeit mehr als doppelt so hoch, dass es sich bei dieser Beschreibung um einen Landwirt handelt.

Linda

Eine ebenso durch Daniel Kahneman bekannt gewordene Geschichte ist die von Linda der Bankkassiererin (8). Sie verdeutlich den sogenannten Verknüpfungsfehler (Conjunction Fallacy), der Bezug auf die zuvor dargestellte Funktionsweise unseres Denkens nimmt.

Folgende Beschreibung gibt es von Linda:

>>Linda ist 31 Jahre alt, Single, freimütig und sehr intelligent. Sie hat Philosophie im Hauptfach studiert. Als Studentin interessierte sie sich sehr für Themen wie Diskriminierung und soziale Gerechtigkeit, und sie nahm auch an Anti- Atomkraft-Protesten teil.
…
Welche Alternative ist wahrscheinlicher?

a) Linda ist eine Bankkassiererin
b) Linda ist eine Bankkassiererin und in der feministischen Bewegung aktiv<<

Bitte versuchen Sie diese Frage jetzt spontan zu beantworten bevor Sie weiterlesen.

Man ist schnell geneigt auf Antwort b zu tippen. Durch die Beschreibung hat man ein Bild von Linda im Kopf, das sehr gut zu der feministischen Bewegung passen würde.

Betrachte man die Antworten aber einmal genauer, so sieht man, dass Antwort a Antwort b einschließt. Alle Bankkassiererinnen, die in einer feministischen Bewegung aktiv sind, sind immer noch auch Bankkassiererinnen.

Unser Geschichtenerzähler im Kopf hat uns hier einen Streich gespielt. Rein logisch kann nur Antwort a in Frage kommen.

Hier ist der sogenannte „Conjunction Fallacy" oder auch Verknüpfungsfehler am Werk, bei dem die Eintrittswahrscheinlichkeit von zwei verbundenen Ereignissen gleichzeitig höher eingeschätzt wird als die Eintrittswahrscheinlichkeit jedes einzelnen Ereignisses, was nach der Wahrscheinlichkeitstheorie so natürlich nicht möglich ist.

Beschränkt man sich rein auf die Fakten, so wie es die Systematik einer Problemanalyse vorgibt, lässt sich dieser Fehlschluss vermeiden.

9 Punkte (selbst gemachte Prämissen)

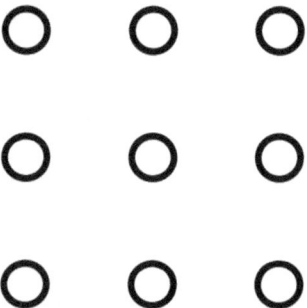

Abbildung 6: Verbinde die 9 Punkte mit 4 aneinanderhängenden geraden Strichen

Das Neun Punkte-Problem ist erstmals beschrieben worden in Samuel Loyds Cyclopedia of Puzzles im Jahre 1914 (12) und ist ein gutes Beispiel für Fähigkeiten, die bei der Lösung schwieriger Probleme von großem Vorteil sind.

In Abbildung 6 gilt es die dargestellten 9 Punkte mit vier geraden Linien zu verbinden ohne mit dem Stift abzusetzen. Das gestaltet sich zunächst schwieriger als gedacht. Immer fehlt einem ein Punkt, der sich nicht mehr verbinden lässt.

Finden Sie die Lösung?

Das ist ein Beispiel für uns selbst auferlegte Prämissen. Wir gehen intuitiv davon aus, dass die Linien immer an den Punkten enden müssen. Zeichnet man darüber hinaus, lässt sich schnell eine Lösung finden (siehe Abbildung 7).

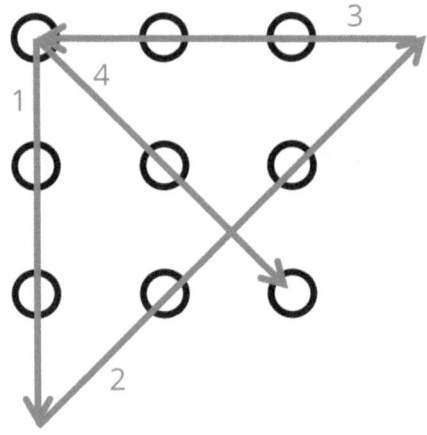

Abbildung 7: Verbinden der 9 Punkte mit 4 Strichen

Geht man davon aus, dass die Punkte eine räumliche Ausdehnung besitzen, ist es sogar möglich die 9 Punkte mit drei Strichen zu verbinden (siehe Abbildung 8)

Mit diesem Rätsel wird nicht nur ein Denkfehler veranschaulicht. Es zeigt auch eine wichtige Eigenschaft, die manchmal beim Lösen von Problemen unerlässlich ist, das „Out of the Box" Denken. Manchmal müssen wir gewohnte und antrainierte Denkmuster verlassen. Erst dann kommen wir zu neuen Erkenntnissen, frei nach dem Spruch von Albert Einstein:

„Probleme kann man niemals mit derselben Denkweise lösen, durch die sie entstanden sind."

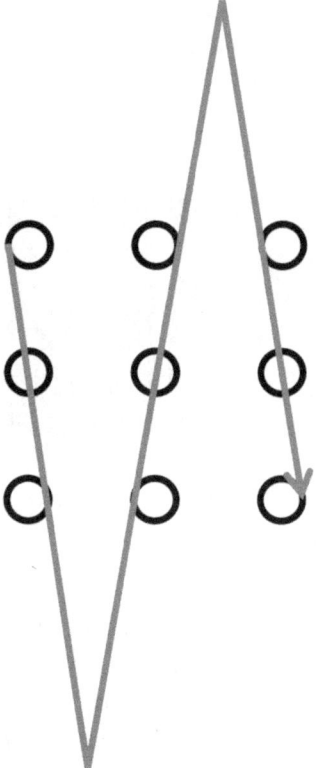

Abbildung 8: Verbinden der 9 Punkte mit 3 Strichen.

Rationelles Denken

Selbst wenn wir alle Denkfehler ausschließen könnten und uns auf rationelles Denken fokussieren, müssen wir eingestehen, dass wir manchmal blind sind gegenüber logischen Schlussfolgerungen. Folgendes zeigt auch das Türenbeispiel aus Abbildung 9, in leicht geänderter Form entnommen der Arbeit von Nikil Mukerji (11).

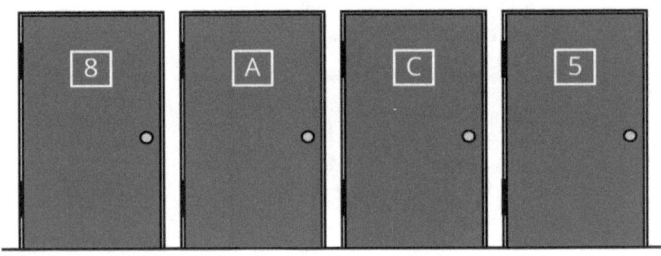

Abbildung 9: Schwierigkeiten des logischen Denkens an Hand eines einfachen Türenbeispiels

Auf den in der Abbildung aufgeführten Türen ist entweder eine Zahl oder ein Buchstabe abgebildet. Alle Türen, die eine Zahl auf der Vorderseite aufweisen, haben auf ihrer Rückseite einen Buchstaben, Türen mit einem Buchstaben haben auf der anderen Seite eine Zahl.

Die Hypothese lautet nun:

„Wenn auf der einen Seite der Tür ein Vokal steht, dann steht auf der anderen Seite eine gerade Zahl."

Welche Tür müsste man nun öffnen um zu prüfen, ob diese Hypothese verletzt wird? Nicht relevante Türen, wie beispielsweise Türen, die die Hypothese bestätigen, sollen dabei unangetastet bleiben.

Bitte nehmen Sie sich einen Moment Zeit und versuchen Sie die Lösung zu finden, bevor Sie weiterlesen.

Wenn Sie wie die meisten Menschen reagieren, haben Sie mit der zweiten und dritten Tür keine Probleme. Auf der zweiten Tür steht ein Vokal. Wenn jetzt auf der Rückseite keine gerade Zahl steht wäre die Hypothese widerlegt. Auf der dritten Tür steht kein Vokal. Damit kann auf der Rückseite stehen was will. Die Hypothese wird nicht verletzt.

Bei der ersten und letzten Tür wird es nun schwieriger. Auf der ersten Tür ist eine gerade Zahl abgebildet. Aufgrund der Regel, in der gerade Zahlen auftauchen, glaubt man schnell, dass man die Tür öffnen muss. Das ist hier leider falsch. Wenn auf der Rückseite etwas anderes als ein Vokal steht, ist die Regel nicht betroffen, da die Regel nicht einen Vokal fordert, wenn auf einer Seite eine gerade Zahl abgebildet ist. Steht dort ein Vokal, wäre das nur eine Bestätigung der Hypothese.

Für die meisten Menschen aber ist die vierte Tür die schwierigste. Da dort eine ungerade Zahl steht und in der Regel nur die Rede von geraden Zahlen ist, denkt man schnell, dass diese Tür nicht betroffen ist. Das ist leider ein Irrtum. Sollte dort auf der Rückseite ein Vokal stehen, wäre die Hypothese eindeutig verletzt. Daher muss man auch diese Tür öffnen.

Hätten Sie das alles richtig gemacht? Hätten Sie die zweite Tür mit dem A und die vierte Tür mit der 5 geöffnet und alle anderen Türen ungerührt gelassen? Falls ja, sind Sie hier in der Minderheit. Dann kann ich Sie nur zu einem scharfen Verstand und logischer Konsequenz beglückwünschen.

Falls Sie nicht immer richtig lagen, sind Sie in guter Gesellschaft. Manchmal sind wir einfach blind gegenüber Argumenten, die eine Hypothese widerlegen und sehen das scheinbar offensichtliche nicht. Das ist nur ein weiteres Beispiel dafür wie unser Kopf und unsere Form des Denkens uns in die Irre führen kann.

Bei der Lösung von Problemen ist es, wie auch in diesem Beispiel, manchmal notwendig sich die Zeit zu nehmen und die Situation systematisch und nüchtern zu analysieren. Es gilt dabei voreilige Schlussfolgerungen aufgrund nicht hinreichend durchdachter Zusammenhänge zu vermeiden.

Einfache Logik

Mit dem letzten Beispiel, welches der Arbeit von Richard H. Thaler und Cass R. Sunstein entnommen wurde (9), möchte ich Ihnen zeigen, wie schnell uns eine intuitive spontane Einschätzung täuschen kann. Bitte beantworten Sie dazu spontan folgende Fragen bevor Sie weiterlesen:

1) In einem Kaufhaus kosten ein Tischtennisschläger und ein Tischtennisball zusammen 1,10 Euro. Der Tischtennisschläger ist um einen Euro teurer als der Tischtennisball. Wie viel Cent kostet der Tischtennisball?

2) In einer Textilfabrik benötigen fünf Maschinen genau fünf Minuten, um fünf Hemden herzustellen. Wie viele Minuten brauchen 100 Maschinen, um 100 Hemden zu produzieren?

3) Auf einem Weiher wachsen Seerosen. Sie vermehren sich ziemlich schnell, jeden Tag verdoppelt sich die Fläche. Es braucht 48 Tage, bis der Weiher vollständig mit Seerosen bedeckt ist. Wie viele Tage würde es dauern, bis die Hälfte des Weihers bedeckt ist?

Die intuitiven Antworten auf die Fragen sind

1)   10 Cent
2)   100 Minuten
3)   24 Tage

Das ist nur leider falsch. Richtig ist:

4)   5 Cent
5)   5 Minuten
6)   47 Tage

Haben Sie dem ersten Impuls widerstehen können und haben Sie die Fragen richtig beantwortet? Wenn Sie so wie die meisten ticken wahrscheinlich nicht.

Hier, so wie auch bei der effektiven Problemlösung, kommt es darauf an sich nicht von dem ersten Eindruck und seiner Intuition täuschen zu lassen und die Situation mit kühlem Kopf zu durchdenken. Eine analytische Herangehensweise ist dabei zwar häufig anstrengender aber führt meistens zu weniger Fehlern am Ende.

Kapitel 3 - Was ist ein Problem?

„Probleme sind keine Stopp-Schilder, sondern Wegweiser."

Robert H. Schuller, US-amerikanischer Fernsehprediger

„Probleme lösen heißt: zuhören."

Richard Branson, britischer Unternehmer und Philanthrop

„Solange wir nicht bereit sind damit aufzuhören Probleme zu tabuisieren, solange werden wir sie auch nicht lösen."

Richard Vizethum, Unternehmer und Coach zum Thema Führung

Die Grundlage aller Problemlösung ist das Problem an sich. Die erste Frage, die sich dabei stellt ist: Was ist eigentlich ein Problem?

Es gibt unzählige Definitionen und Auslegungen davon, was ein Problem ist. Diese reichen von einer schwierigen, zu lösende Aufgabe bis zu einer unentschiedenen Frage (13). Die geläufigste ist das Problem als einen Fehler zu sehen, den es zu beseitigen gilt. Bei dieser Definition werden vor allem die negativen Aspekte in den Vordergrund gestellt.

Eine weitaus umfassendere, objektivere und damit konstruktivere Definition eines Problems ist die Folgende:

Ein Problem ist eine ungewollte Abweichung des Ist-Zustands vom Soll-Zustand ohne Kenntnis der Ursache.

Mit anderen Worten ausgedrückt ist in dieser Definition ein Problem der ungewollte Unterschied zwischen dem aktuellen und dem Zielzustand ohne dass man die Gründe dafür kennt.

Mit dieser Auffassung eines Problems lässt sich die Problemlösung sehr universell anwenden. Man konzentriert sich nicht allein auf das Ausmerzen von Fehlern, sondern sieht Probleme als Chance zur Verbesserung. Dies kann die Optimierung von Arbeitsabläufen und den effektiveren Einsatz der vorhandenen Mittel umfassen. Zudem können erst noch auftretende Fehler in der Zukunft vorbeugend vermieden werden.

Um dabei gleich einem Missverständnis vorzubeugen. Probleme und Fehler sind an sich nie etwas Positives. Was positiv ist, ist diese Probleme frühzeitig zu erkennen und eventuelle Missstände zu beseitigen und für die Zukunft abzustellen. Aus einem Unglück geht man nicht gestärkt hervor, weil es das Unglück gab (14). Man geht gestärkt hervor, weil man sich (endlich) um die eigentlichen Ursachen gekümmert hat. Dafür muss man manchmal teuer bezahlen und es ist vorzuziehen das Unglück bereits im Ansatz zu vermeiden.

Ebenfalls sehr wichtig bei Problemen ist die jeweilige Perspektive. Was für den einen ein Problem ist, muss für den anderen nicht unbedingt eines sein.

Nehmen wir beispielsweise an es ist Wochenende und es steht mal wieder der Geburtstag von Tante Erna an. Die Kinder sind am Meckern, da sie lieber mit ihren Freunden spielen wollen und es sowieso immer totlangweilig auf diesen Geburtagen ist. Die eigene Frau und man selbst sind auch nicht sonderlich angetan davon. Andererseits trifft sich dort mal wieder seit langem die ganze Familie. Nun sitzen alle im Auto, man will gerade losfahren, und das Auto springt nicht an.

Betrachten wir nun einmal die unterschiedlichen Perspektiven:

Die Kinder sind begeistert. Es steht in Aussicht, dass der Geburtstag für sie nicht stattfindet und sie sich stattdessen mit ihren Freunden treffen können. Für sie ist das kein Problem, sondern mit das Beste was passieren konnte. Die eigene Frau ist ebenfalls froh, dass sie nicht zur Familienfeier muss. Andererseits denkt sie auch direkt daran, wie teuer die Reparatur wohl werden wird. Der langersehnte Urlaub ist wohl wieder in weite Ferne gerückt. Man selbst ist erstmal sauer, dass das Auto nicht funktioniert. Alle Pläne für den heutigen Tag sind dahin. Und wie soll man jetzt morgen zur Arbeit kommen? Was gibt das wieder für eine Rennerei bis wieder alles in Ordnung ist?

Schon an diesem einfachen Beispiel sieht man wie unterschiedlich die Perspektiven auf ein von außen betrachtetes identisches Problem sein können. Mit den Perspektiven ändert sich auch die Einstellung dazu, ohne dass man dabei überhaupt auf das eigentlich technische Problem eingegangen ist.

Hier ist es zunächst angebracht eine sogenannte Stakeholder Analyse (auf Deutsch: Analyse der Interessensvertreter) durchzuführen. Bei der Stakeholder Analyse wird geklärt wer welche Interessen hat. Es ist dabei wichtig zu einer gemeinsamen Einschätzung des Problems zu kommen, sowie sich auch gemeinsam über die Konsequenzen bewusst zu werden. Es gibt eben nicht nur die eigenen augenscheinlichen Ziele. Auch die Ziele anderer können über kurz oder lang relevant werden. Wenn die Eltern in diesem Fall schlecht gelaunt sind und der nächste Urlaub gestrichen werden muss, wird das auch den Kindern nicht gefallen.

Um eine gemeinsame Vorstellung der Risiken zu bekommen kann ein sogenanntes Risikoassessment (auf Deutsch: Risikobewertung) durchgeführt werden. Dabei macht man sich der Risiken bewusst, die ein entsprechendes Ereignis nach sich zieht und versucht die möglichen Auswirkungen abzuschätzen. Wichtig sind dabei sowohl die kurzfristigen als auch die langfristigen Folgen im Blick zu haben. Man kann sich zum Beispiel fragen: Was ist das schlimmste anzunehmende Resultat, das wir für die Zukunft erhalten können?

In manchen Firmen wird dazu beispielsweise eine Post Mortem Analyse durchgeführt. Hierzu geht man fiktiv davon aus, dass ein Projekt desaströs gescheitert ist. Nun versucht man die Gründe zu eruieren, die zu solch einem Scheitern geführt haben. Diese Methode ist sehr effektiv und bringt einiges auf den Tisch, an das man vorher so noch nicht gedacht hat. Es fällt viel leichter über ein Kind zu diskutieren, dass bereits in den Brunnen gefallen ist gemäß dem Spruch:

„Eine Spinne zu sehen ist nicht das Problem. Es wird erst zu einem Problem, wenn sie plötzlich weg ist."

Autor unbekannt

Bevor man nun das Problem wirklich angeht sollte man sich möglichst am Anfang die Frage stellen: Möchte man das Problem wirklich lösen mit allen damit verbundenen Konsequenzen? Diese Frage ist so wichtig, da man in der Realität häufig die Situation vorfindet, bei denen man die Frage eigentlich mit einem nein beantworten sollte.

Einige Menschen verfallen schnell in Aktionismus. Ihnen ist wichtig, dass man vorweisen kann etwas getan zu haben. Die Devise lautet je mehr desto besser und das so schnell wie möglich. Dabei geht es nicht immer um das eigentliche Problem, sondern um die Außendarstellung. Andere sollen sehen was alles in welcher Kürze der Zeit in die Wege geleitet wurde. Da fragt man sich schnell: Sind diese Menschen wirklich an einer Lösung interessiert?

Andere zögern die Lösung des Problems heraus. Sie hoffen darauf, dass sich das Problem schon irgendwie von selber löst bzw. sich letztendlich als nicht weiter wichtig herausstellt. Hierbei wird häufig nicht gesehen oder unterschätzt, dass nichts zu machen auch eine Handlung darstellt. Es handelt sich dabei um den sogenannten „Omission Bias" (Unterlassungsirrtum). Er besagt, dass die Folgen eines Unterlassens weniger stark gewertet werden als die Folgen, die durch eine aktive Handlung eintreten. Dabei ist neben dem Denkfehler sicherlich auch immer ein wenig Bequemlichkeit vertreten. Im Allgemeinen wird der aktuelle Status zunächst immer einem veränderten Status vorgezogen (Status Quo Denkfehler).

Ein anschauliches Beispiel für den Omission Bias ist das Nicht-Impfen von Kindern, obwohl die Impfung das

Erkrankungsrisiko nachweislich senkt. Durch Unterlassung setzt man das Wohl des eigenen Kindes aufs Spiel. Finden sich viele Impfgegner riskiert man sogar, dass bereits besiegt geglaubte Krankheiten wieder aufkommen (15).

Zu guter Letzt sollte man festlegen wann das Problem gelöst ist. Im angelsächsischen Sprachraum wird das auch mit „Definition of Done" bezeichnet (DOD), was so viel bedeutet wie Fertigstellungskriterien. Hier gibt es auch immer wieder Missverständnisse, die möglichst gemeinsam aus dem Weg geräumt werden sollten. Um bei unserem Beispiel zu bleiben, was wäre die DOD?

- Das Auto ist repariert
- Die Haushaltskasse berücksichtigt in Zukunft auch unvorhergesehene Kosten
- Die Kinder haben mehr Kontakt mit Tante Erna und freuen sich in Zukunft auf Ihren Besuch
- ...

Diese Aufzählung könnte man noch um ein Vielfaches weiterführen. Wichtig dabei ist nicht, dass man alle Punkte berücksichtigt und auf jedes Interesse eingeht. Wichtig ist, dass man sich auf die Punkte einigt, die man angehen möchte und damit das Ziel klar festlegt. Hierbei lässt es sich, wie generell im Leben, leider nicht vermeiden auch Kompromisse einzugehen um die bestmöglichste aber vielleicht nicht ideale Lösung zu finden. Wichtig dabei sind vor allem die Transparenz und die gemeinsame Übereinkunft.

Kapitel 4 - Was ist das Problem?

„Wenn ich eine Stunde habe, um ein Problem zu lösen, dann beschäftige ich mich 55 Minuten mit dem Problem und 5 Minuten mit der Lösung."

Albert Einstein, theoretischer Physiker

„Ein Problem ist halb gelöst, wenn es ganz klar formuliert ist."

John Dewey, US-amerikanischer Philosoph und Pädagoge

„Der erste Schritt zur Lösung eines Problems ist, es mit jemandem zu besprechen."

Peter Schumacher, Aphorismensammler und Publizist

„Es ist nicht so, dass wir keine Lösung finden ... es ist, dass wir das Problem nicht richtig sehen."

Gilbert Keith Chesterton, englischer Schriftsteller und Journalist

Einer der wichtigsten Schritte bei der Problemlösung ist es herauszufinden, was das eigentliche Problem ist. Dazu muss das Problem erst genau analysiert werden. Das hört sich zunächst banal an, aber genau an diesem Punkt hakt es oft, da man dazu neigt zu schnell in die Ursachen- und Lösungsfindung überzugehen. Dieser Punkt ist extrem wichtig. Führt man ihn sorgfältig durch sieht man sehr schnell, dass hier oft auch die meiste Zeit zu investieren ist.

Bei der Identifizierung des eigentlichen Problems ist die Unterscheidung zwischen Symptom und Problem notwendig. Symptome sind dabei die Anzeichen für ein zugrundeliegendes Problem und zeigen zumeist die ersten und direkten Auswirkungen. Viele arbeiten bei der Problemlösung oft nur an Symptomen und können so das eigentliche Problem nicht lösen.

Machen wir das einmal an einem Beispiel deutlich:

Einer der prädestinierten Berufe zur Lösung von Problemen ist der Beruf des Arztes. Wie überall im Leben gibt es auch hier gute und schlechte Vertreter Ihres Fachs. Daher können wir mit diesem Beispiel sehr gut veranschaulichen, wie die Problemlösung laufen bzw. auch nicht laufen sollte.

Eine fiktive Person, nennen wir sie Carlos, wacht am Morgen nach der Weihnachtsfeier seiner Firma mit starken Bauchschmerzen auf und entscheidet sich einen Arzt aufzusuchen. Je nach Arzt und Situation kann er dort nun folgende Bedingungen vorfinden:

<u>Negativbeispiel</u>

Die Praxis ist überfüllt mit Patienten. Wie jedes Jahr vor Weihnachten ist mal wieder eine Grippe- und Magen-Darm-Epidemie im Umlauf.

Aufgrund der vielen Patienten hat der Arzt kaum Zeit, die er sich den Patienten widmen kann. Die Diagnose erfolgt so an Hand der zu beobachtenden Symptome aufgrund von Erfahrung und Vermutungen. Da der Arzt bereits sehr viele ähnliche Fälle in letzter Zeit gesehen hat, und aus Mangel an Zeit, verschreibt er Carlos ein Magenmittel und schickt ihn für den Rest der Woche mit einer Krankschreibung nach Hause. Wenn er bis dahin immer noch Beschwerden hat, soll er wieder vorstellig werden.

Wie wir später noch sehen werden, geht dieses Vorgehen in den meisten Fällen gut, kann aber auch im Einzelfall fatale Konsequenzen haben.

<u>Positivbeispiel</u>

Der Arzt macht sich zunächst ein Bild vom allgemeinen Gesundheitszustand von Carlos. Dabei klärt er ab, ob es ein größeres Risiko gibt und Eile angebracht ist. Bei einem Blinddarmdurchbruch oder Vergiftungserscheinungen beispielsweise müsste er sofort aktiv werden und ihn in die Notfallaufnahme schicken.

Nachdem er zur Einschätzung gelangt ist, dass kein unmittelbarer Handlungsbedarf vorliegt, klärt er die weitere Situation. Dabei legt er besonderen Wert darauf festzustellen, was an der aktuellen Situation anders ist und konzentriert sich zunächst auf das Ermitteln von Fakten.

Es erfolgt die sogenannte Anamnese mit Fragen zum Auftretenszeitpunkt und der -häufigkeit (Seit wann gibt es die Schmerzen? Haben Sie das schon öfter gehabt?), zur familiären Prädisposition (Gibt es in Ihrem familiären Umfeld ähnliche Probleme?), zur Vorgeschichte (Haben Sie etwas Spezielles getrunken oder gegessen?). Allein durch dieses Befragen des Patienten können bereits viele Anhaltspunkte gesammelt werden und Punkte ausgeschlossen bzw. bestärkt werden.

Mit der Anamnese erfolgt auch eine erste körperliche Untersuchung. In diesem Fall lässt sich der Arzt den Bauch von Carlos zeigen und versucht herauszufinden wo die eigentlichen Schmerzen lokalisiert sind.

Da Carlos weder die typischen Grippesymptome bzw. Symptome eines Magen-Darm-Infekts zeigt, entschließt sich der Arzt eine Blutprobe zu entnehmen und führt eine Ultraschalluntersuchung bei ihm durch. Auf Basis der Ergebnisse der Blutuntersuchung und des Ultraschalls wird zu einem späteren Zeitpunkt noch eine Endoskopie durchgeführt.

In dieser ersten Phase konzentriert sich der Arzt auf das Problem und versucht unbegründete Vermutungen weit möglichst auszublenden. Er grenzt das Problem ein und filtert alles Irrelevante heraus. Am Ende stehen Befunde, die auf Basis der Faktenlage den aktuellen Zustand beschreiben.

Im Fall von Carlos wurden über die Blutuntersuchung erhöhte Infektionswerte gefunden. Die Ultraschalluntersuchung zeigt Anzeichen für ein Magengeschwür und schließt andere Ursache für die Bauchschmerzen (Leber, Gallenblase und Bauchspeicheldrüse) aus. Bei der finalen Endoskopie wird schließlich ein Magengeschwür festgestellt.

Kapitel 5 - Was ist die Ursache?

„Echtes Wissen ist die Ursachen kennen."

Sir Francis von Verulam Bacon, englischer Philosoph, Essayist und Staatsmann

„Wer zur Quelle gehen kann, gehe nicht zum Wassertopf."

Leonardo da Vinci, italienisches Universalgenie, Maler, Bildhauer, Baumeister, Zeichner und Naturforscher

„Die Frage nach dem Warum ist ein Ergründen der Ursache. Die Frage nach dem Wie ist ein Ergründen der Mittel."

Demetrius Degen, Schriftsteller

„Alles hat eine Ursache, nichts ist ohne Wirkung."

Else Pannek, deutsche Lyrikerin

Auf Basis der vorliegenden Fakten geht der Arzt nun daran eine Diagnose zu erstellen. Dabei ist es essentiell, dass er die vorliegenden Befunde auf Basis seines Expertenwissens und seiner Erfahrung korrekt interpretiert.

Wie bereits zuvor im Buch erwähnt neigen wir in der aktuellen Zeit dazu diesen Part häufig selber zu übernehmen. Gerade das Internet ist eine schier unversiegbare Quelle von möglichen Krankheitsursachen und es verleitet schnell dazu Eigendiagnosen durchzuführen und sich seine eigene Meinung zu bilden.

Davon kann ich persönlich nur dringendst abraten. Schnell kommt man zu falschen Schlüssen und macht sich selber verrückt, da man alles Mögliche als Ursache findet. Der Arztberuf setzt eine lange und umfassende Ausbildung voraus. Das ist nicht ohne Grund. Bleiben trotzdem Zweifel, sollte man sich besser um eine zweite Einschätzung eines Kollegen kümmern.

Durch sein fundamentales Verständnis des Körpers weiß der Arzt, dass das Magengeschwür normalerweise durch eine Überproduktion von Magensäure bedingt ist. Mögliche Ursachen dafür gibt es einige:

- Stress
- Psychische Erkrankungen
- Übermäßiger regelmäßiger Alkoholkonsum
- Rauchen
- Krebs in Bauchspeicheldrüse (16)
- ...

Jetzt kann der Arzt auf Basis der Befunde den Ursache-Wirkungs-Zusammenhängen nachgehen und die sich anbietenden Hypothesen hinterfragen. Durch die vorangegangenen Untersuchungen und Befragungen kommen die meisten Dinge schon nicht mehr in Betracht und er kann gezielt den noch verbleibenden Hypothesen nachgehen.

Carlos ist Nichtraucher und hat weder psychische Erkrankungen noch einen übermäßigen Alkoholkonsum. Bei der bereits durchgeführten Ultraschalluntersuchung war die Bauchspeicheldrüse unauffällig. Auch sonst wurden keine weiteren Auffälligkeiten beobachtet. Bei dem Vorgespräch mit dem Arzt wurde jedoch klar, dass Carlos aktuell sehr viel Stress bei seiner Arbeit hat.

Der Stress auf seiner Arbeit führte zu einer Überproduktion von Magensäure, die wiederum zu dem Magengeschwür geführt hat. Der Arzt verschreibt Carlos Medikamente zur vorläufigen Reduktion der Magensäure und verordnet ihm eine Kur. Eine Operation ist zum aktuellen Zeitpunkt nicht erforderlich.

Die Arbeit des Arztes ist hiermit erledigt. Mit der Einnahme der Medikamente und der Therapie ist das Problem zunächst beseitigt. Das eigentliche Problem ist damit aber noch nicht gelöst.

Hier kommt man zur Ermittlung der sogenannten systemischen Grundursache, dem Hinterfragen der Motive. Dabei können wir vor allem von unseren Kindern lernen.

Wer Kinder hat, kennt das sicher aus eigener Erfahrung sehr gut. Kinder sind neugierig und versuchen alles zu hinterfragen. Die entscheidende und immer wieder vorkommende Frage ist hierbei „Warum?".

- Warum müssen wir jetzt zu Tante Erna fahren?
- Warum musst Du schon wieder arbeiten?
- Warum hast Du jetzt keine Zeit für mich?
- Warum muss ich schon wieder mein Zimmer aufräumen?
- ...

Irgendwann streckt auch der noch so geduldigste Elternteil das Handtuch und antwortete bisweilen: „Gebt endlich Ruhe!" „Wir machen das jetzt so wie wir das sagen." „Hier wird nicht mehr diskutiert". Das ist auf der einen Seite nachvollziehbar, auf der anderen Seite aber auch sehr schade, da Kinder dadurch mit der Zeit verlernen Dinge zu hinterfragen. Und gerade das ist essentiell notwendig zur Lösung von Problemen.

Die „Warum"-Fragetechnik ist nicht nur bei Kindern beliebt, sie ist auch eine anerkannte Methode zur Ermittlung von systemischen Grundursachen (17) (18). Durch wiederholte Frage nach dem Grund („Warum") versucht man hierbei eine logische Kette zu konstruieren bei der sowohl die technischen als auch die systemischen Ursachen als Antworten auftauchen.

In unserem Fall mit Carlos versuchen wir der Wurzel des Problems auf den Grund zu gehen. Warum konnte es zu dem erhöhten Stress kommen, der schließlich zu dem Magengeschwür geführt hat? Hier ist gegebenenfalls sogar die Hilfe von Psychologen oder Psychiatern erforderlich. Sie sind speziell darauf ausgebildet die psychischen Ursachen (das Motiv) zu beleuchten und bei deren Beseitigung zu unterstützen.

Konkret könnte das für unseren Carlos dabei heißen, dass er das Gespräch mit seinem Chef sucht oder sich sogar nach einer anderen Arbeit umschaut. Dabei sollte er sich der möglichen Konsequenzen bewusst sein, die mit der Lösung der Probleme verbunden sind. Man sollte bei der Lösung keine neuen Probleme schaffen, zumindest keine die schwerer wiegen als das ursprüngliche Problem. Das wusste bereits Da Vinci, als er sagte:

„Die meisten Probleme entstehen bei ihrer Lösung."

Leonardo da Vinci, italienischer Maler, Bildhauer, Architekt, Anatom, Mechaniker, Ingenieur und Naturphilosoph

Zum Schluss dieses Kapitels noch eine zugegebenermaßen tragische Anekdote, die auf einer angeblich wahren Geschichte beruht:

Vor einigen Jahren haben in meinem Heimatdorf ein paar Jugendliche ihren Geburtstag gefeiert und sind gemeinsam Pizza essen gegangen. Danach sind sie, ähnlich wie Carlos, mit starken Bauchschmerzen und Übelkeitserscheinungen zum Arzt gegangen. Der Arzt hat ihnen nach einer kurzen Untersuchung ein Schlafmittel gegeben, damit sie sich in der Nacht erholen sollten. Am nächsten Tag war einer der Jungen tot. Durch eine Lebensmittelvergiftung und entsprechender Vorgeschichte (ihm wurde bei einem vorherigen Unfall eine Niere entnommen) hat er die Nacht nicht überlebt. Leider konnte er nicht wie seine Freunde den Mageninhalt und damit die Giftstoffe erbrechen.

Das ist ein sehr tragisches und extremes Beispiel dafür, was bei einer falschen Problembehandlung passieren kann. Leider ist das in der Medizin kein Einzelfall. Laut dem Krankenhausreport der AOK aus dem Jahre 2014 sind geschätzte 19.000 Patienten aufgrund von vermeidbaren Behandlungsfehlern gestorben (19).

Trotzdem ziehe ich vor allen Ärzten den Hut. Sie haben eine enorme Verantwortung zu tragen und leisten durch ihre Hingabe und ihren Arbeitseinsatz enormes für unser aller Leben. Vielen Dank dafür!

Kapitel 6 - Einseitige Wahrnehmung/ Bewusste und unabsichtliche Beeinflussung

„Wir schätzen die Menschen, die frisch und offen ihre Meinung sagen - vorausgesetzt, sie meinen dasselbe wie wir."

Mark Twain, amerikanischer Schriftsteller

„Man kann die Menschen sehr leicht durch tolle und ungeschickte Darstellungen irremachen; aber man lege ihnen das Vernünftige und Schickliche auf eine interessante Weise vor, so werden sie gewiss danach greifen."

Johann Wolfgang von Goethe, deutscher Schriftsteller

„Jeder von uns wird mehr oder weniger beeinflusst von dem intellektuellen Medium, indem er sich vorzugsweise bewegt."

Friedrichs Engels, deutscher Philosoph und Politiker

Die grundsätzliche Schwierigkeit bei der Ursachenfindung ist die objektive Beurteilung der Situation auf der Grundlage neutraler und ausgewogener Daten. Ein Bild macht man sich immer auf Basis der vorliegenden Informationen. Dabei ist es entscheidend welche Quellen man zur Verfügung hat und nutzt.

Häufige Quellen aus denen wir Informationen in unserem Privatleben beziehen sind:

- Google, Facebook, Twitter
- Diskussionsgruppen
- Freundes- oder Bekannten-Kreis
- Arbeitskollegen

Nun muss man sich natürlich die Frage stellen wie neutral, objektiv und ausgewogen diese Quellen sind. Hier kann es nämlich passieren, dass man bewusst oder auch unbewusst in seiner Meinungs- oder auch Ursachenfindung beeinflusst wird.

Bewusste Manipulation

Hier sind wir schnell im Bereich der Verschwörungstheorien. Es ist unbestritten, dass Google, Facebook und Twitter enorme Einflussmöglichkeiten auf die Meinungsbildung haben. Dabei können sie den Einfluss sowohl über den Inhalt als auch über die Art der Darstellung geltend machen.

Sie können sich hier gleich mehreren Denkfehlern bedienen.

Bezogen auf den Inhalt gibt es unter anderem die Verfügbarkeitsheuristik (8). Hier werden Informationen stärker gewichtet, die für einen selber verfügbarer sind. Beispielsweise wird durch eine überproportionale Berichtserstattung von Terrorattentaten eine weitgehend unbegründete Angst geschürt selber in großer Gefahr zu sein. Dennoch sind Terrorattentate genau wie Flugzeugabstürze sehr seltene Ereignisse, vor denen man sich zunächst keine größeren Sorgen machen sollte.

Bezogen auf die Art der Darstellung gibt es den sogenannten Framing-Effekt. Durch eine unterschiedliche Art etwas auszudrücken, wird trotz gleichem Inhalt das Verhalten des Empfängers unterschiedlich beeinflusst. Forscher konnten in einer Studie zeigen, dass es einen Unterschied macht ob man Konsumenten 99% fettfreies Fleisch oder 1% fetthaltiges Fleisch anbietet (10). Erstere Variante wurde überwiegend bevorzugt, obwohl der Fettgehalt bei beidem offensichtlich gleich ist. Selbst als man den fettfreien Gehalt der ersten Variante auf 98% reduzierte, wurde diese noch dem 1% fetthaltigem Fleisch vorgezogen, und das obwohl das Fleisch damit doppelt so viel Fett enthielt.

Diesen Effekt sieht man vermehrt auch bei der Anwendung von Euphemismen, bei denen negative Dinge beschönigt oder verharmlosend beschrieben werden. In der Politik kommen dabei unter anderem Begriffe vor wie Kollateralschäden (zivile Opfer), Nullwachstum

(Stillstand), Beitragsanpassung (Beitragserhöhung) oder auch Rückführung (Abschiebung).

Es ist unbestritten, dass bewusste Manipulation sowohl in den Medien, in der Werbung als auch in der Politik (9) angewandt wird. Ob dadurch allerdings auch der Ausgang der letzten Präsidentschaftswahl in den USA entscheidend beeinflusst wurde, bleibt im Bereich der Spekulationen.

Unbeabsichtigte Beeinflussung

Weit interessanter noch ist das Thema der unbeabsichtigten Beeinflussung. Hier findet nicht wie zuvor besprochen eine bewusste und von außen gelenkte Manipulation statt. Stattdessen entstehen zumeist unkontrollierbare und sich verselbstständigende Mechanismen.

Nehmen wir beispielsweise die verschiedenen Foren und Diskussionsgruppen, die es im Internet gibt. Hier trifft man sich mit Gleichgesinnten und tauscht seine Meinungen und Ansichten mit Leuten ähnlicher Meinungen und Ansichten zu bestimmten Themen aus.

Dadurch dass man unter Gleichgesinnten ist, wird man vor allem in seiner eigenen Überzeugung bestärkt. Gegenteilige Meinungen oder Ansichten tauchen nur selten bzw. gar nicht auf, so dass man ein verzerrtes Gesamtbild der Situation erhält. Es findet keine Pro- und Kontra-Analyse mehr statt, da andere Ansichten ausgeblendet werden und einem nicht mehr unmittelbar zur

Verfügung stehen (siehe auch Verfügbarkeitsfehler zuvor). Man könnte schnell zu der Auffassung gelangen, dass alle anderen der gleichen Meinung sind wie man selber. Dabei spricht man auch von einer so genannten Filterblase.

Leider sieht man diesen Trend nicht mehr nur in Diskussionsforen. Auch in Medien wie Zeitung und Fernsehen kann man beobachten, dass immer weniger faktenbasierte Diskussionen geführt werden, sondern dass häufig relativ einseitig von Themen berichtet wird. Das, was man in der Schule noch als Erörterung kennengelernt hat, bei dem immer möglichst alle Standpunkte miteinander verglichen und beurteilt wurden, findet heute kaum noch statt.

Hier kommt sicherlich hinzu, dass die Welt in vielen Fällen komplizierter ist, als dass wir sie einfach verstehen können. Die Suche nach einfachen Erklärungen, die sich im immer mehr aufkommenden Populismus wiederspiegelt, beruhigt zwar das Gemüt, man schafft sich dadurch aber eine Welt, die nicht der Realität entspricht. Wenn man entscheidende Aspekte nicht berücksichtigt, gilt eben nicht das Prinzip von Ockhams Rasiermesser (20), das besagt, dass von mehreren möglichen Erklärungen für ein und denselben Sachverhalt die einfachste Theorie allen anderen vorzuziehen ist.

Wenn dazu noch eine Tabuisierung von Themen erfolgt (Flüchtlingsproblematik (21), Problem mit Sozialstaat (22)), wird es sehr schwierig eine objektive Meinungsbildung sicherzustellen.

Schutz vor Manipulation und Beeinflussung von außen

Wie können wir uns jetzt gegen eine bewusste Manipulation bzw. irreführenden Beeinflussung von außen schützen, sprich bei einer Problemlösung eine möglichst objektive Position einnehmen? Hier gibt es ein sehr machtvolles Instrument. Es ist das Prinzip des Advocato Diaboli (23).

Advocatus diaboli („Anwalt des Teufels") ist ein alter lateinischer Ausdruck und bezeichnet ursprünglich in der römisch-katholischen Kirche die Person, die im Verfahren der Selig- beziehungsweise Heiligsprechung Argumente gegen die besprochene Persönlichkeit zu sammeln und vorzutragen hatte. In der heutigen Zeit ist der Advocatus Diaboli eine Person, die in einer Diskussion systematisch die Gegenposition vertritt. Diese Person wird meist zuvor bestimmt und sorgt dafür, dass das Thema möglichst von allen Seiten und damit auch aus anderen Perspektiven betrachtet wird.

Durch das Vertreten des gegenteiligen Standpunkts wird das einseitige Denken und das Ziehen von voreiligen Schlüssen vermieden, in dem sowohl das Denken als auch die daraus gezogenen Schlüsse gezielt hinterfragt werden. Man beugt so auch dem sogenannten Bestätigungsfehler vor, der uns zuvor schon einmal über den Weg gelaufen ist. Beim Bestätigungsfehler werden alle widersprüchlichen Argumente ausgeblendet und nur Gründe für die eigene Ansicht gesucht. Das vermeidet der Advocatus Diaboli und legt seine Finger in die offenen Wunden. Keine angenehme aber notwendige Aufgabe.

Neben der Technik des Advocatus Diaboli, die man auch an sich selbst anwenden kann, ist es natürlich auch immer von Vorteil gezielt alternative Quellen zu sichten. Damit sind sowohl schriftliche Quellen (Bücher, Artikel, alternative Diskussionsforen, etc.) als auch die kritische Auseinandersetzung mit Kritikern bzw. Menschen anderer Meinungen gemeint. Auf Basis einer konstruktiven und kritischen Auseinandersetzung mit der Materie und Vermeidung der unreflektierten Übernahme von einfachen Erklärungen, kommt man zu einer objektiveren und tiefergehenderen Einschätzung der Situation. Auf dieser Basis lassen sich effektiver und zielsicherer die wahren Ursachen für die zu lösenden Probleme finden.

Kapitel 7 - Wie löst man das Problem endgültig?

„Man hat niemals Zeit, es richtig zu machen, aber immer Zeit, es noch einmal zu machen."

Edward Aloysius Murphy Jr., US-amerikanischer Air Force-Ingenieur

„Jedes Problem, das ich löste, wurde zu einer Regel, die später dazu diente, andere Probleme zu lösen."

René Descartes, französischer Philosoph, Mathematiker und Naturwissenschaftler

„Für jedes Problem gibt es eine Lösung, die einfach, klar und falsch ist."

Henry Louis Mencken, US-amerikanischer Schriftsteller und Journalist, Literaturkritiker, Kolumnist und Satiriker

„Für jedes Problem gibt es eine einfache Lösung, die es noch schlimmer macht."

Hans-Jürgen Quadbeck-Seeger, deutscher Chemiker, Erfinder, Manager und Autor

Wenn man die Ursachen des Problems identifiziert hat ist es oft relativ einfach diese anzugehen und das Problem kurzfristig zu lösen. Bei noch frischen Problemen hat man ein klares Ziel vor Augen. Die Motivation das Problem zu lösen ist groß und kurzfristige Lösungen werden sofort angestoßen. Im Beispiel von unserem Carlos ist es für ihn kein großer Aufwand sich zunächst einmal Stellenanzeigen anzuschauen und sich über Alternativen zu seinem Job zu informieren.

Der finale Schritt zum Lösen von Problemen ist jedoch die langfristige Umsetzung. Wir wollen schließlich das Problem auf Dauer abstellen. Hier stoßen wir oft an unsere Grenzen. Um langfristige Lösungen zu implementieren müssen wir nämlich den sogenannten „Machen-Modus" verlassen und uns in den „Planen-Modus" begeben. Der Unterschied zwischen diesen beiden Denksystemen (8) wurde bereits in vorangegangenen Kapitel beschrieben. Um es nochmal kurz aufzugreifen:

Der „Machen-Modus" kann durch ein weitgehend automatisches System beschrieben werden, in dem das Assoziieren dominant ist. Dieses System ist relativ mühelos und führt dazu, dass wir auf Basis von Geschichten, die wir uns selber konstruieren, die Welt spontan angehen. Der „Planen-Modus findet sich in einem rationellen System wieder. Er zeichnet sich dadurch aus, dass er eher mühsam ist. Hier wird auf rationeller Basis das weitere Vorgehen geplant und Situationen werden hinterfragt.

Besonders deutlich sieht man die Diskrepanz zwischen dem Machen- und dem Planen-Modus an den jährlichen Vorsätzen zum neuen Jahr. Unser Planer hat ganz viele sinnvolle Dinge im Kopf, die es lohnen würde umzusetzen und ist fest entschlossen dies auch zu tun. Darunter zählt beispielsweise mit dem Rauchen aufzuhören, ins Fitnessstudio zu gehen, eine Diät anzufangen, etc. Sobald es aber ernst wird und man auf die ersten Hürden trifft, sagt unser Macher, der Homer Simpson in uns, zum Teufel damit und all die guten Vorsätze werden schnell ad acta gelegt.

Die Schwierigkeiten, die hinter einer langfristigen Beseitigung von Problemen stehen, werden häufig unterschätzt. Wir tendieren dazu zu kurzfristig zu denken. Wir fallen in alte Denkmuster und Verhaltensweisen zurück, verlieren die Motivation mit der Zeit und verfolgen die finale Lösung des Problems nicht weiter. In unserem Arzt-Beispiel hat Carlos einige Stellenausschreibungen auf dem Tisch liegen. Da es aber größeren Aufwand bedeutet diesen weiter nachzugehen und sich damit sein Leben auf unvorhersehbare Weise ändern könnte, hat er bis heute keine weiteren Schritte umgesetzt. Es ist nur eine Frage der Zeit bis die Bauchschmerzen wieder auftauchen.

Dass wir generell viel zu kurzfristig denken ist unter dem Begriff „Hyperbolic Discounting" bekannt geworden (10). Bereits in den 60er Jahren wurde von Walter Mischel ein später berühmt gewordenes Experiment zum Belohnungsaufschub durchgeführt. Dort wurde Kindern ein Marshmallow gegeben mit dem Versprechen, dass sie einen weiteren bekommen würden, falls sie einige Minuten mit dem Essen des ersten warten.

Den wenigsten Kindern ist es bei diesem Test gelungen zu warten. Der kurzfristige Genuss wurde der Aussicht vorgezogen die doppelte Menge zu bekommen. Was aber noch erstaunlicher war, war die Entdeckung von Herrn Mischel, dass die Fähigkeit zum Warten der Kinder ein verlässlicher Indikator für den späteren Karriereerfolg war.

Wenn wir nun Probleme nicht langfristig beseitigen, können wir sicher sein, dass sie uns früher oder später wieder auf die Füße fallen. Daher müssen wir dafür sorgen, dass die Probleme auch in Zukunft nicht wieder auftreten. Wie machen wir das? Folgende Punkte sind dabei entscheidend:

- Umsetzung nachhaltiger Veränderungen
- Kontrolle der Veränderungen

Wer kennt das nicht. Es ist mal wieder kurz vor Weihnachten und man hat noch keine Geschenke besorgt. Ideen hat man übers Jahr einige gehabt, doch wollen sie einem in diesem Moment partout nicht mehr einfallen. Nun geht man in die Stadt, kämpft sich durch die Horden andere einkaufswütiger Mitmenschen, die teilweise mit dem gleichen Problem kämpfen, und hofft etwas zu finden, was den Geschenkten glücklich macht.

Wie kommt das? Weihnachten ist jedes Jahr und doch werden wir immer wieder davon überrascht. Wäre es nicht viel einfacher die Geschenke bereits während des Jahres zu kaufen oder sich zumindest Ideen zu notieren, sobald man sie im Kopf hat? Das wäre ein sinnvoller Punkt für eine Umsetzung einer nachhaltigen Veränderung, der den Aufwand und den Stress nachhaltig reduzieren würde.

Ebenso wichtig für das langfristige Lösen von Problemen ist die Kontrolle. Hier ist eine regelmäßige Selbstreflexion oft angebracht. Die besten Lösungsansätze bringen nichts, wenn man dann doch wieder in alte Verhaltensweisen verfällt.

Dabei sollte man vor allem auch zwischen der Selbstwahrnehmung (wie nehme ich mich selbst wahr) und der Fremdwahrnehmung (wie nehmen mich andere wahr) unterscheiden. Andere haben häufig ein ganz anderes Bild von uns als wir das selber haben. Hierfür sollten man kritische Meinungen suchen und selbstverstärkende Meinung möglichst meiden (siehe auch Kapitel 6 - Einseitige Wahrnehmung/ Bewusste und unabsichtliche Beeinflussung), gemäß dem Spruch von Arthur Schopenhauer:

„Die Freunde nennen sich aufrichtig, die Feinde sind es".

Arthur Schopenhauer war ein deutscher Philosoph, Autor und Hochschullehrer

Der effektivste Umgang mit Problemen ist sie erst gar nicht entstehen zu lassen. Je frühzeitiger man präveniert, desto mehr Kosten und Aufwand lassen sich sparen. Das ist insbesondere so wichtig, da Aufwand und Kosten oft exponentiell mit der Zeit ansteigen.

Eine Schwierigkeit dabei ist, dass vermiedene Probleme kaum Sichtbarkeit erlangen und somit deren Vermeidung weniger honoriert wird als die Lösung auftretender Probleme. Wenn man die Konsequenzen nicht sieht, ist es schwierig die Prävention entsprechend zu würdigen und zu fördern.

Am Donnerstag den 15. Januar 2009 führte Pilot Chesley Sullenberger eine Notwasserung auf dem Hudson River durch. Vorausgegangen war, dass kurz nach dem Start ein Vogelschwarm beide Triebwerke des Passagierflugzeugs zerstört hatte. Durch eine fliegerische Meisterleistung rettete er 155 Menschen das Leben.

Das ist gar nicht hoch genug einzuschätzen. Hätte allerdings zuvor jemand dafür gesorgt, dass es gar keine Vogelschwärme gegeben hätte, wäre das wenigen aufgefallen. Heute werden an vielen Flughäfen, wie beispielsweise in Stuttgart, Prag, Barcelona und verschiedenen Flughäfen in den USA Greifvögel eingesetzt um weiteren Unfällen vorzubeugen (24). Unbekannt ist wie vielen Menschen dadurch potentiell das Leben gerettet wurde.

Kapitel 8 - Technische Problemlösung/ 8D

„Wenn du nichts hast als einen Hammer, sieht alles wie ein Nagel aus."

Bernard Baruch, US-amerikanischer Finanzier, Börsenspekulant, Politikberater und Philanthrop

„Erfahrung ist der Name, den wir unseren Fehlern geben."

Oscar Wilde, irischer Schriftsteller

„Wir scheitern häufiger daran, dass wir das falsche Problem lösen wollen, statt an der falschen Lösung fürs richtige Problem."

Russell L. Ackoff, amerikanischer Organisationstheoretiker

„Eine Lösung hatte ich aber sie passte nicht zum Problem!"

Autor unbekannt

Um Missverständnisse zu vermeiden eine kurze Anmerkung vorweg:

In diesem Abschnitt handelt es sich nicht um eine profunde Erklärung der technischen Problemlösung. Das würde den Rahmen dieses Buches sprengen. Hier wird ein kleiner Einblick vermittelt, was technische Problemlösung heißt und bestimmte Themen daraus werden an der Oberfläche beleuchtet. Dem geneigten Leser sei es überlassen, sich hier weiter zu informieren (25).

Die technische Problemlösung, die auch in der Industrie Verwendung findet, unterscheidet sich in ihrer Art nicht wesentlich von der Problemlösung in anderen Bereichen, auch wenn dort teilweise recht spezielle Methoden zur Anwendung kommen, auf die vor allem am Ende des Kapitels kurz eingegangen wird. Aus diesem Grund werden hier nochmal einige Aspekte aus vorangegangenen Kapiteln wiederholt und vertieft.

Da technische Probleme schnell sehr komplex und schwierig werden können und teilweise extrem hohe Summen auf dem Spiel stehen, ist eine systematische Bearbeitung umso wichtiger. Es soll schließlich nicht so wie in dem Sprichwort laufen:

„Komplexe Probleme haben oft eine Lösung die verständlich, einfach und unkompliziert ist.- Und zumeist falsch.“

Autor unbekannt

Ein erster Ansatz, wenn man es bei der Bearbeitung von sehr komplexen Problemen zu tun hat, ist das „Zerlegen des Elefanten". Damit meint man, dass man das Problem in kleinere Pakete (Unterprobleme) zergliedert und somit handhabbarer macht. Zunächst mag die Aufgabe groß, komplex und übermächtig erscheinen. Unterteilt man Sie aber in kleinere Pakete wird daraus eine lösbare Herausforderung. Das unterscheidet sich im Wesentlichen nicht vom Schreiben eines Buches, bei dem man am Anfang auch vor einer leeren Seite sitzt und diese mit Leben füllen muss.

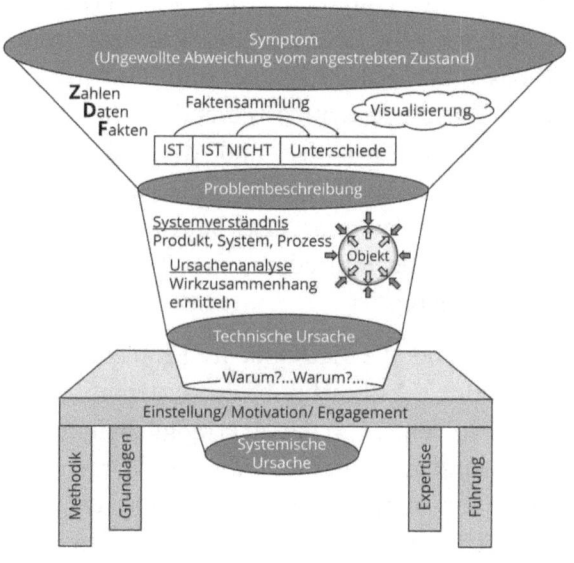

Abbildung 10: Problemlösungstrichter

Der weitere systematische Ansatz zur Problemlösung ist in Abbildung 10 schematisch dargestellt. Es handelt sich hierbei um einen sogenannten Problemlösungstrichter, der das Vorgehen bei der Problemlösung illustrieren soll. Dieser Trichter ist hier mit einem Tisch verbunden, welcher die Grundvoraussetzung für die Problemlösung symbolisiert.

Basis zur Problemlösung

Bevor wir näher auf den Trichter eingehen betrachten wir zunächst den Unterbau, den Tisch. Wie bei einem richtigen Tisch gebraucht auch die Problemlösung eine stabile Basis. Diese Basis ist hier zum einen dargestellt durch die Tischbeine symbolisierend die Methodik, die Grundlagen, die Expertise und die Führung. Diese Punkte umfassen das Wissen und die Fähigkeit, die das Lösen der Probleme erfordern. Zum anderen steht die Tischplatte für die Einstellung bzw. Grundhaltung bei der Problemlösung.

Über die generelle Methodik der Problemlösung handelt dieses Buch. Es beschreibt das systematische Angehen eines Problems. Um das zu ermöglichen müssen bestimmte Grundlagen zur methodischen Vorgehensweise, aber auch zum eigentlichen Verständnis des Problems vorausgesetzt werden. Ein Laie wird sich schwertun ohne grundsätzliches Verständnis des Themas zum eigentlichen Kern des Problems vorzudringen. Eine weitergehende Expertise ist dabei gerade bei schwierigen technischen Problemen unabdingbar. Hier vereinigen sich dann idealerweise Wissen und Erfahrung der hinzugezogenen Experten.

Da es sich bei der Problemlösungsmethode nicht um ein Kochrezept handelt, ist eine gute Strategie unabdingbar. Diese wird vorgegeben durch eine gute Führung bei der Problemlösung. Aufgrund begrenzter Ressource wie Zeit, Personal und Arbeitsmittel muss man sich auf bestimmte Aspekte bei der Problemlösung fokussieren. Es ist in den seltensten Fällen möglich alle Seiten zu 100% zu beleuchten, da das zum einen sehr lange dauern und zum anderen sehr hohe Kosten verschlingen würde, und damit nicht mehr effektiv wäre. Die durch eine gute Führung vorgegebene Strategie hilft dabei vor allem den Nutzen im Vergleich zum Aufwand zu optimieren und die Problemlösung möglichst effektiv zu gestalten.

Nimmt man nun ein Bein des Tisches weg, fällt der ganze Tisch um, was gleichbedeutend mit einem Scheitern der Problemlösung ist. Alle hier aufgeführten Faktoren tragen zu einer stabilen Basis bei und sind erforderliche Bestandteile einer guten Problemlösung.

Genauso wichtig wie diese Faktoren, wenn nicht sogar noch wichtiger ist die Einstellung, symbolisiert hier als Tischplatte. Diese umfasst unter anderem die Motivation, das Engagement und die Unvoreingenommenheit bzw. Offenheit an das Problem heranzugehen. Stimmt die Einstellung nicht, wird man auch bei der Problemlösung auf Dauer keinen Erfolg haben (siehe auch auf Seite

120 in Kapitel 9 - Rahmenbedingungen zum erfolgreichen Problemlösen).

Kommen wir nun zum eigentlichen Trichter:

Teil 1: Problembeschreibung

Im ersten Teil der Problemlösung konzentriert man sich zunächst auf das Identifizieren des eigentlichen Problems. Ausgehend von beobachteten Symptomen wird hier versucht über das Ermitteln von Unterschieden zwischen „Gut" und „Schlecht" eine möglichst detaillierte Problembeschreibung herauszuarbeiten. Besonders zu betonen ist dabei die Trennung von dem grundlegenden Problem und seinen resultierenden und zu beobachteten Auswirkungen, den Symptomen. Ein sehr häufiger Fehler bei der Problemlösung ist es auf Basis der Symptome nach der Ursache zu suchen. Ohne das eigentliche Problem identifiziert zu haben ist dieses Vorgehen häufig zum Scheitern verdammt.

Beim Herausarbeiten der Unterschiede für die Problemanalyse wird häufig die sogenannte Kepner-Tregoe-Methode angewendet (26). Hier werden tabellarisch die Unterschiede zwischen „Gut" und „Schlecht" bzw. zwischen „Problem" und „kein Problem" erfasst, und es wird untersucht warum dies der Fall ist. Beispielsweise wird gefragt wo das Problem aufgetreten ist, bzw. wo es nicht aufgetreten ist und was die notwendigen Voraussetzungen (Unterschiede) dafür waren (Beispiel: veränderte

Produktionsbedingungen). Das gibt bereits gezielte Hinweise wo weiter gesucht werden muss.

Hier spielen die sogenannten W-Fragen eine große Rolle:

- Was genau ist das Problem (nicht)?
- Wo genau wird das Problem (nicht) beobachtet?
- Wann genau wird das Problem (nicht) beobachtet?
- Wie oft genau tritt das Problem (nicht) ein? Wie viel ist (nicht) betroffen?

Insbesondere wichtig hierbei ist die Frage nach dem „Ist Nicht" zu stellen. Damit können wir zum einen dem Bestätigungsfehler vorbeugen (siehe auch Seite 32 in „Kapitel 2 - Denkfehler"). Zum anderen können wir Informationen mit einbeziehen, bei denen es uns in der Regel schwer fällt sie zu berücksichtigen. Eine Absenz ist allgemein deutlich schwerer zu erfassen als etwas direkt Präsentes. Hier greift der auf Seite 36 beschriebene Feature-Positive-Effekt.

Nachdem man nun die Unterschiede herausgearbeitet hat, kann daraus das eigentliche Problem formuliert werden. Dabei empfiehlt es sich möglichst viel zu visualisieren und Daten zum besseren Verständnis aufbereitet darzustellen. Bei der Problembeschreibung handelt es sich um eine konzentrierte auf Fakten basierte Beschreibung des zugrundeliegenden Problems. Dabei ist es wichtig sich ausschließlich an den ermittelten Fakten zu orientieren und vage und zweideutige Formulierungen zu vermeiden. Begriffe wie „groß", „klein", „gut", „schlecht" sind immer relativ und machen nur im Vergleich mit konkreten Zahlen einen Sinn.

Teil 1 der Problemlösung ist vor allem problemorientiert. Hypothesen und Vermutungen sollen hier zunächst weit möglichst ausgeblendet werden. Da jeder bei Problemen immer bereits auch ein Bild der möglichen Ursachen im Kopf hat, ist dieser Punkt nicht immer umsetzbar. Wichtig dabei ist, dass man sich dessen bewusst ist und sich hier möglichst nur an Fakten orientiert. Daher wird hier auch von einer Faktensammlung gesprochen.

Die Schwierigkeiten liegen in diesem Teil vor allem darin aussagekräftige und verlässliche Informationen zusammenzutragen, die auf deutliche Unterschiede zwischen „Gut" und „Schlecht" hinweisen. Gelingt einem das, ist in den meisten Fällen der schwierigste Teil der Problemlösung erledigt. Auf dieser detaillierten Problembeschreibung lassen sich dann auch bereits genauere Aussagen zum Risiko des Problems ziehen.

Teil 2: Ursachenermittlung

Während Teil 1 sich noch dem Problem zuwendet, fokussiert man sich in bei der Problemlösung in Teil 2 auf die Ursachen. Dabei nutzt man die in Teil 1 herausgearbeiteten Unterschiede zusammengefasst in der Problembeschreibung. Sie zeigen wo man weitersuchen muss und deuten im Idealfall bereits auf bestimmte Ursachen hin.

Bevor man allerdings zu den Hypothesen kommt ist es wichtig ein gemeinsames Systemverständnis auf Basis von physikalischen Eigenschaften aufzubauen. Dabei werden Vermutungen zunächst noch einmal hintenangestellt und nach Möglichkeit Spezialisten eingebunden.

Dieser Schritt ist so wichtig, da eine dauerhafte Beseitigung eines Problems schwierig ist, ohne es hinreichend verstanden zu haben. Ohne ausreichendes technisches Verständnis läuft man hier schnell in Gefahr unzureichende Lösungen umzusetzen oder sogar Maßnahmen zu implementieren, die zu noch größeren Problemen führen.

Abbildung 11: Streichholzexperiment zum Thema fundamentale Betrachtungen. Die Pfeile symbolisieren Kräfte (F) und Drehmomente (M), die an Hebelarmen definierter Länge (a) wirken

Das in Abbildung 11 dargestellte Experiment zeigt zwei ineinandergehakte Gabeln, die auf zwei Zahnstochern und einer Flasche im Gleichgewicht balancieren. Es veranschaulicht, dass ein Verständnis von Prozessen (Balancieren) und der Rolle der zugrundeliegenden Komponenten (Gabeln, Zahnstocher, Flasche) bereits bei einfachen Systemen wie diesem schwierig sein kann. Im ersten Augenblick ist es verblüffend, dass dieser Aufbau überhaupt stabil ist. Sicherlich kann man hier schnell argumentieren, dass er funktioniert, weil der Gesamtschwerpunkt des Gabel-Zahnstocher-Systems unterhalb des Auflagepunkts des ersten Zahnstochers liegt, was ein Gleichgewicht des Gesamtsystems zumindest teilweise erklärt. Versucht man aber das komplette Experiment auf Basis von physikalischen Kräften und Drehmomenten zu beschreiben (siehe Abbildung 11, rechte Seite), wird es sehr schnell sehr komplex.

Es gibt verschiedenste Kräfte und Drehmomente, die auf die Flasche, die Zahnstocher und die Gabel wirken und sich in Summe ausgleichen müssen. Außerdem spielen dabei geometrische wie auch Materialgrößen (Reibwert, Elastizität, etc.) der beteiligten Objekte eine große Rolle, die die exakte Betrachtung zusätzlich erschweren. Kommen jetzt noch externe Kräfte, wie Wind, Vibrationen, etc. hinzu steigt die Komplexität um ein Vielfaches.

Wichtig bei einer Gesamtbetrachtung, welche die Beurteilung von Prozessen, Systemen und Komponenten für ein Produkt umfasst, sind sowohl äußere als auch innere Parameter (siehe Abbildung 12). Äußere Parameter führen hier zu einer erhöhten Belastung oder auch Beanspruchung, die auf das Bauteil wirkt, während innere Parameter definieren wie das Produkt einer Belastung standhalten kann (Belastbarkeit). Sowohl die Beanspruchung als auch die Beanspruchbarkeit weisen eine gewisse Verteilung auf (siehe Diagramm in Abbildung 12). Dabei kommt es für die Bauteile zum Versagen, bei denen die Beanspruchung die Beanspruchbarkeit übersteigt (Bereich, wo sich die Kurven überlappen).

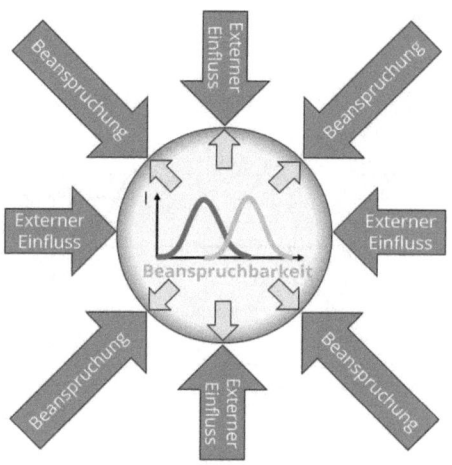

Abbildung 12: Innere und externe Einflüsse bei der Problemlösung für Produktprobleme

Zu den äußeren Parametern zählen sowohl der Umwelteinfluss (Wind, Temperatur, Feuchtigkeit, etc.) als auch der Einfluss des umgebenden Systems (Schwingungen anderer Komponenten, spezielle Einbausituation, etc.). Bei den inneren Parametern stehen das Design des Produkts und die Fähigkeit des Herstellprozesses im Vordergrund. Hier sind beispielsweise Eigenschaften wie Geometrie und Festigkeit sowie Toleranzen bei der Herstellung entscheidend.

Ist das notwendige Systemverständnis vorhanden macht man sich daran die technischen Ursachen zu finden. Hier kann ein Ursache-Wirkungsdiagramm oder auch Ishikawa-Diagramm (27) zur Anwendung kommen (siehe Abbildung 13).

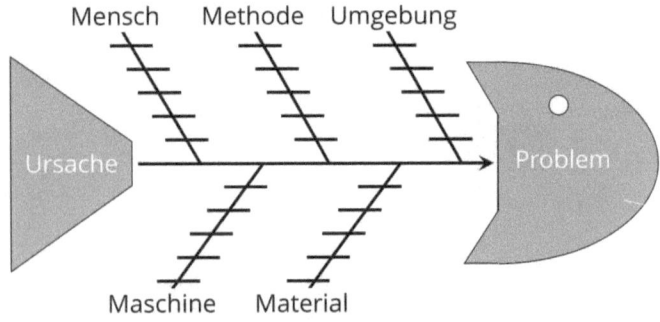

Abbildung 13: Ishikawa- oder Ursache-Wirkungs-Diagramm

Mit diesem Diagramm versucht man das Grundproblem systematisch auf mögliche Ursachen zurückzuführen, die verschiedenen Kategorien (Mensch, Methode, Umgebung, Maschine, Material) zugeordnet werden können.

Wichtig hierbei ist es vom grundliegenden Problem auszugehen und nicht von den ursprünglich beobachteten Symptomen, sprich den markanten Auswirkungen des eigentlichen Problems.

Wenn man von den Symptomen ausgeht, wird das Ishikawa schnell sehr groß und unübersichtlich und man steckt sehr viel Zeit und Mühe in die Klärung der einzelnen Punkte. Wenn man hingegen zuvor eine detaillierte Problembeschreibung durchgeführt hat, fallen viele Punkte bereits weg und es bleiben zumeist nur noch eine Handvoll Punkte übrig, die man weiter verfolgen muss. In diesem Fall ist es zu überlegen, ob man das Ishikawa nur noch als Kontrollinstrument benutzt, um sicherzustellen, dass man bei seinen Überlegungen auch nichts vergessen hat.

Nachdem man nun die technischen Ursachen ermittelt und verifiziert hat, macht man sich an die Ermittlung der systemischen Ursachen. Hier werden Mängel in der Organisation oder auch der Führung von Mitarbeitern ermittelt. Dieser Punkt ist sehr sensibel und es gilt zu konstruktiven Lösungen zu kommen und kein Fingerpointing (Schuldzuweisungen) zu betreiben. Man sollte darauf hinarbeiten eine gemeinsame Lösung oder Verbesserung anzustreben. Die Bearbeitung dieses Punktes erfolgt unter Einbeziehung des Managements.

Hier kommt eine Methode zum Einsatz, die bereits vorher kurz besprochen wurde (siehe Kapitel „Was ist die Ursache?"). Es handelt sich um die sogenannte „5 x

Why"-Methode, die eine sehr wichtige und zentrale Methode bei der Problemlösung darstellt. Ausgehend von den zuvor ermittelten Ursachen versucht man durch wiederholte Frage nach dem „Warum" den weiteren Ursachen auf die Spur zu kommen. Es wird dabei eine logische Kette gebildet, an deren Ende die systemischen Ursachen stehen. In der Kette sollen dabei keine Vermutungen, sondern nur gesicherte Erkenntnisse verwendet werden. Ein einfaches Beispiel zum „5 x Why" ist in Abbildung 14 dargestellt.

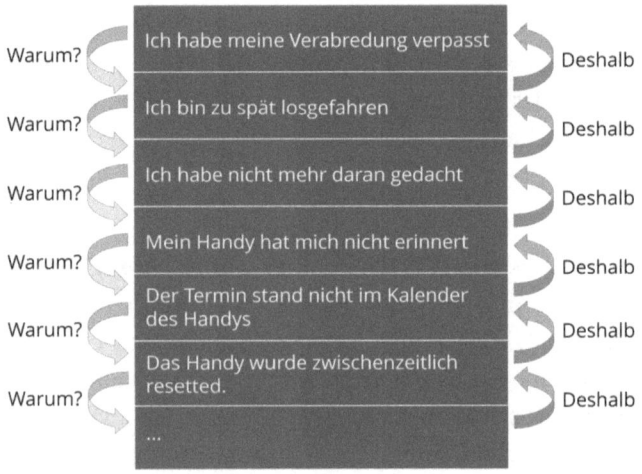

Abbildung 14: Beispiel für „5 x Why"

Die logische Kette aus „Warum"-Fragen lässt sich überprüfen, indem man von den hinteren Antworten anfangend, die Antworten durch eine weitere logische „Deshalb"-Kette verbindet. Dabei sieht man schnell mögliche Logikbrüche.

Teil 2 der Problemlösung ist wie bereits erwähnt im Gegensatz zu Teil 1 ursachenorientiert. Nachdem man ein gemeinsames Systemverständnis aufgebaut hat, werden Hypothesen analysiert, Ursachen ermittelt und verifiziert.

Teil 3: Implementierung nachhaltiger Lösungen

Der Problemlösungstrichter aus Abbildung 10 umfasst nur die Problembeschreibung (Teil 1) und das Ermitteln der Ursachen (Teil 2). Nun muss sichergestellt werden, dass die zuvor ermittelten Probleme und Ursachen für die Zukunft auf Dauer abgestellt werden. Man spricht auch von der Implementierung einer nachhaltigen Lösung. Es geht dabei vor allem um folgende Punkte:

- Implementierung nachhaltiger Abstellmaßnahmen
- Dokumentation der Erkenntnisse
- Diffusion der Erkenntnisse

Mit der Implementierung von nachhaltigen Abstellmaßnahmen soll das weitere Auftreten des Problems verhindert werden. Ideal wäre es dabei, wenn dieses durch eine Änderung von Randbedingungen für die Zukunft ausgeschlossen werden kann.

Die Dokumentation der Erkenntnisse führt zu einem Aufbau einer zukünftigen Wissensbasis. Durch Information relevanter Zielgruppen, können ähnliche Probleme in Zukunft vermieden werden und bereits durchgeführte Untersuchungen müssen nicht nochmal erfolgen (Vermeidung von Doppelarbeit).

Dabei ist es wichtig, dass die ermittelten Informationen den relevanten Zielgruppen zugänglich gemacht werden. Das geschieht üblicherweise über Ablage der Informationen in Datenbanken aber auch über direkte Informationen der entsprechenden Mitarbeiter oder Bereiche.

Gerade die Mund-zu-Mund-Propaganda sollte man hier nicht unterschätzen. Häufig sind die Details eines bestimmten Projektes nicht mehr präsent und die Dokumentation nicht verfügbar, man erinnert sich aber schnell an denjenigen der es damals betreut und vorgestellt hat.

8D-Methodik

Bereits 1974 wurde vom amerikanischen Verteidigungsministerium eine Problemlösungsmethode entwickelt und standardisiert, die sich 8D (28) nennt. Diese Methode ist die Grundlage des hier vorgestellten Problemlösungsansatzes und stellt den generellen Rahmen einer systematischen Problemlösung dar.

Die 8D-Methode, wie sie hier genutzt wird, umfasst folgende Phasen:

D1: Problemlösungsteam/Projekt einrichten

D2: Problembeschreibung

D3: Sofortmaßnahmen

D4: Ursachen-Wirkungs-Analyse

D5: Abstellmaßnahmen festlegen und Wirksamkeit nachweisen

D6: Abstellmaßnahmen einführen und Wirksamkeit verfolgen

D7: Vorbeugende Maßnahmen einführen

D8: Abschlussdurchsprache

Bei der 8D-Methode geht es zunächst darum die Rahmenbedingungen der Problemlösung festzulegen (D1). Dabei wird ein Vertrag mit dem Auftraggeber geschlossen, in dem die Ziele und die dazu notwendigen Ressourcen festgelegt werden.

Nachdem das geklärt ist versucht man das Problem genau zu beschreiben (D2), welches als Basis für die weitere Ursachenuntersuchung gilt. Dabei wird auch eine erste Risikobewertung durchgeführt.

Basierend auf dem Risiko müssen manchmal bereits zu einem sehr frühen Zeitpunkt Sofortmaßnahmen durchgeführt werden (D3), die vor allem dem Kunden-schutz dienen. Dies kann beispielsweise ein Lieferstopp oder auch eine 100% Sichtprüfung der zu versendenden Teile sein. Hierbei sind zumeist die eigentlichen Ursa-chen noch unklar.

In D4 führt man dann die Ursachenanalyse durch, wie sie bereits zuvor beschrieben wurde. Dabei geht man auf-bauend auf einem soliden System- und Prozessverständ-nis den technischen als auch den systemischen Ursachen auf den Grund. Der Schritt umfasst dabei sowohl die Identifikation als auch die Verifizierung der Ursachen. Die Risikobetrachtung muss daraufhin überprüft und ge-gebenenfalls angepasst werden.

In Schritt D5 und D6 werden Abstellmaßnahmen de-finiert und eingeführt. Das findet üblicherweise erst in kleinerem Maße statt bei dem zunächst die Wirksamkeit nachgewiesen wird (D5). Erst dann wird eine flächende-ckende Umsetzung durchgeführt, bei der die Wirksam-keit vor allem in der ersten Zeit genau verfolgt wird (D6). Das ist so wichtig, da schnell neue Probleme mit der Lö-sung des eigentlichen Problems generiert werden kön-nen. Das Risiko muss nach der Einführung abschließend bewertet werden und sollte deutlich geringer liegen als das ermittelte Risiko vor Umsetzung der Maßnahmen. Hat man die Abstellmaßnahmen erfolgreich eingeführt, lassen sich die Sofortmaßnahmen wieder aufheben.

Damit die Problemlösung einen nachhaltigen Erfolg hat, werden in D7 vorbeugende Maßnahmen eingeführt.

Hier spricht man auch vom „Lessons Learned". Die vorbeugenden Maßnahmen können dabei zum einen Prozessänderungen sein, die dieses Problem in der Zukunft ausschließen, zum anderen können diese Maßnahmen aber auch darin bestehen, dass das gewonnene Wissen so dokumentiert und verteilt wird, dass nachfolgende Personen die aufgetretenen Fehler nicht mehr begehen.

Zu guter Letzt muss der in D1 aufgestellte Vertrag mit dem Auftraggeber wieder geschlossen werden (D8). Dabei geht es darum den Projektverlauf nochmal im Nachhinein mit dem Team und dem Auftraggeber zu beurteilen und zu sichten ob die vereinbarten Ziele erreicht wurden. Ein häufig unterschätzter und vergessener Punkt ist hierbei auch die Arbeit und den Einsatz des Teams zu würdigen. Anerkennung ist ein wichtiger Punkt auch für die Motivation der Mitarbeiter bei der Bearbeitung von weiteren Fällen.

Auffällig bei der 8D-Methode ist, dass die Phasen D2, D4, und D7 den Fokuspunkten des hier vorgestellten Problemlösungsansatzes entsprechen. Das heißt nicht, dass die anderen Punkte weniger wichtig wären oder sogar weggelassen werden können. Ganz im Gegenteil. Die Erfahrung zeigt aber, dass gerade die Punkte D2, D4 und D7 einer besonderen Aufmerksamkeit bedürfen, da sie häufig unzureichend bearbeitet werden.

Nach diesem kurzen Einblick in die 8D-Methode soll hier nicht weiter darauf eingegangen werden. Weitere Informationen finden Sie in der einschlägigen Literatur.

Methoden für Problem Solving

Gerade bei der technischen Problemlösung gibt es viele unterschiedliche unterstützende Methoden zum Lösen von Problemen. Einige von Ihnen werden nachfolgend kurz beschrieben. Allen gemeinsam ist, dass sie sich weitgehend nach dem grundsätzlichen Aufbau der 8D-Methode richten, die vorangehend vorgestellt wurde. Darüber hinaus steuern Sie je nach Anwendung wesentliche eigene Elemente zur Problemlösung bei.

Man sollte sich hierbei nicht von der Vielzahl der Methoden abschrecken lassen. Wie auch im alltäglichen Leben ist es manchmal wichtig unterschiedliche Werkzeuge zu haben, die man zur effizienten Umsetzung seiner Arbeit heranzieht. Das Hauptziel für deren Einsatz sollte man dabei aber nie aus den Augen verlieren. Das muss immer lauten: Wie löse ich nachhaltig das Problem? Und das ist unabhängig davon, welches Werkzeug man letztendlich einsetzt.

Einige der bei der Problemlösung am häufigsten angewandten Methoden sind die im Folgenden kurz vorgestellten:

Shainin (29)

Die Ursachenanalyse nach Shainin ist eine pragmatische Methode zur Fehlereingrenzung und zur schnellen Identifizierung der Fehlerursache. Im Gegensatz zu anderen

Herangehensweisen versucht man bei der Shainin-Methode vom Ergebnis, an dem sich das Problem zeigt, auf die eigentlichen Ursachen zu schließen. Gesucht wird hierbei der größte Unterschied oder maximaler Kontrast zwischen „ganz schlecht" (WOW: **W**orst **O**f **W**orst) und "sehr gut" (BOB: **B**est **O**f **B**est) des betrachteten Ergebnisses (genannt „Green Y"). Auf Basis dieser Unterschiede werden die Ursachen (genannt „Red X") über verschiedene Strategien ermittelt.

Six-Sigma (30)

Six Sigma (6σ) ist ein Managementsystem zur Prozessverbesserung, statistisches Qualitätsziel und zugleich eine Methode des Qualitätsmanagements. Sein Kernelement ist die Beschreibung, Messung, Analyse, Verbesserung und Überwachung von Geschäftsvorgängen mit statistischen Mitteln.

Kepner-Tregoe-Analyse (26)

Die Kepner-Tregoe-Analyse wird häufig bei komplexen Aufgabenstellungen benutzt um eine klare Abgrenzung zwischen dem "Ist" und dem "Ist-Nicht" herauszuarbeiten. Die Methode basiert auf der Beobachtung, dass jedes Problem immer eine Folge von Veränderungen im System und/oder Systemumfeld ist. Durch Herausarbeiten dieser Veränderungen findet man Hinweise auf die eigentliche Ursache, die es abzustellen gilt.

Der psychologisch sehr geschickte Kniff bei der Problemanalyse nach Kepner-Tregoe besteht darin, dem Problemsystem ein analog aufgebautes Vergleichssystem gegenüber zu stellen, bei dem das Problem nicht auftritt obwohl es eigentlich zu erwarten wäre. Zum Einsatz kommt dabei die sogenannte KT-Tabelle, die durch gezielte Fragen Unterschiede zwischen dem „IST" und „IST NICHT" herausarbeitet und veranschaulicht.

Kapitel 9 - Rahmenbedingungen zum erfolgreichen Problemlösen

„Wenn jemand ein Problem mit mir hat, darf er es ruhig behalten. Es ist ja schließlich seins."

Autor unbekannt

„Probleme, die man konsequent ignoriert, verschwinden nur, um Verstärkung zu holen."

Sonja Bruckner, systemischer Coach und Mentaltrainerin

„Der geringste Mensch kann komplett sein, wenn er sich innerhalb der Grenzen seiner Fähigkeiten und Fertigkeiten bewegt."

Johann Wolfgang von Goethe, deutscher Schriftsteller

„Theoretisch kann ich praktisch alles."

Autor unbekannt

Nachdem wir nun einiges über das Lösen von Problemen gelernt haben, stellen sich die Fragen: Was macht eigentlich einen guten Problemlöser aus? Braucht man dazu besondere Fähigkeiten? Kann das jeder?

Eine klare und eindeutige Antwort kann auf diese Fragen nicht gegeben werden, da die Anforderungen für jedes Problem wie auch das Problem selbst sehr spezifisch sind. Werden beispielsweise bestimmte Problemlösungstechniken zum Einsatz kommen (z. Bsp. Six-Sigma oder Shainin), ist ein Spezialist unabdingbar. Das setzt eine bisweilen jahrelange Ausbildung voraus.

Unabhängig von spezifischen Anforderungen kann man trotzdem einmal zusammenstellen, welche Eigenschaften hilfreich bzw. sogar notwendig sind (siehe Abbildung 15). Auch wenn diese Eigenschaften bei allen Menschen sehr unterschiedlich ausgeprägt sind, sollte nichts dagegen sprechen sie sich anzueignen bzw. gegebenenfalls zu optimieren. Grundvoraussetzung dafür ist natürlich der Wille dazu und eine offene Grundeinstellung.

Schauen wir uns mal die Eigenschaften für einen Problemlöser im beruflichen Umfeld an:

Ein Problemlöser sollte zunächst ein gesundes Maß an Skepsis mitbringen. Das heißt er sollte die Ansichten von anderen aber auch seine eigenen stets hinterfragen. Damit erkennt und vermeidet er aktiv die in diesem Buch bereits angesprochenen Denkfehler, die das Problemlösen erschweren. Er muss sich dabei stets bewusst sein, dass es den idealen und vollständig objektiven Problemlöser nicht gibt, auch wenn das immer sein Ziel sein sollte.

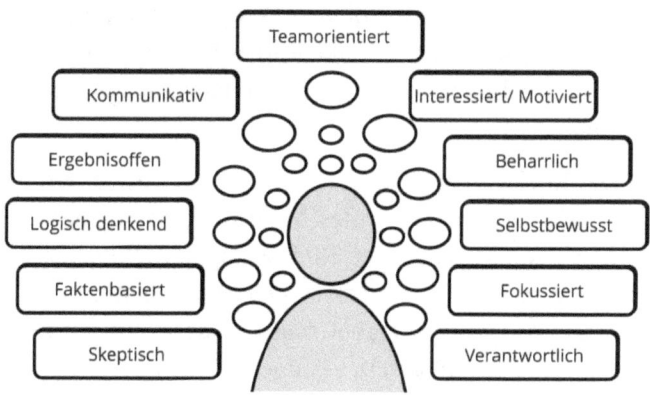

Abbildung 15: Eigenschaften eines idealen Problemlösers

Bei der Problemlösung sollte er eine faktenbasierte Herangehensweise haben, und nicht vorschnell zu unzureichend begründeten Schlussfolgerungen springen. Logisches Denkvermögen ist dabei eine Grundvoraussetzung.

Durch seine Ergebnisoffenheit schließt er nicht von vornherein bestimmte Richtungen aus, die später relevant werden könnten und beleuchtet das Thema aus unterschiedlichen Perspektiven und aus Sicht anderer Personen. Dabei bindet er durch seine kommunikativen Fähigkeiten das Team und mögliche weitere relevante Personen effektiv ein.

Eine sehr wichtige Eigenschaft ist sein Interesse und seine Motivation das Problem zu lösen. Dabei stellt er das Problem in den Mittelpunkt und nicht sich selbst und verfolgt mit hoher Motivation eine nachhaltige Verbesserung.

Da Rückschläge beim Problemlösen unvermeidbar sind, gebraucht er ein gutes Maß an Beharrlichkeit. Er darf sich von kurzfristigen Rückschlägen nicht verschrecken lassen und setzt sich schließlich gegenüber allen Widrigkeiten durch. Dabei muss er über ein gesundes Maß an Selbstbewusstsein verfügen um seine Arbeit nach außen zu vertreten und sich nicht die Meinung anderer aufdrücken zu lassen, getreu dem Motto „Du hast Recht und ich habe meine Ruhe".

Da bei der Problemlösung aufgrund begrenzter Zeit und mangelnder Ressourcen nicht alle Aspekte zu 100% beleuchtet werden können, muss er fokussiert sein und gegebenenfalls Entscheidungen treffen und Verantwortung übernehmen können.

Wie man an dieser Auflistung bereits sehen kann, wird von einem guten Problemlöser einiges abverlangt. Über allem steht jedoch seine Einstellung (auf Englisch: attitude), das heißt die Bereitschaft und seine Haltung sich auf das Problem einzulassen und es engagiert anzugehen. Die Einstellung bestimmt maßgeblich seinen Erfolg.

Der Erfolg bei der Problemlösung lässt sich mit folgender einfachen Formel (31) darstellen:

Erfolg = (Wissen + Fähigkeit) x Einstellung

Das Wissen besteht hierbei aus der erworbenen Kenntnis von Fakten, Theorien und Regeln, während die Fähigkeit die Eigenschaft beschreibt etwas auf einem Gebiet zu können. Während sich das Wissen erlernen lässt und die Fähigkeit zu einem großen Maße antrainiert werden kann, ist die Einstellung zumeist eine Charaktereigenschaft, die sich mit der Persönlichkeit entwickelt. Hervorzuheben ist bei dieser Formel, dass sich Wissen und Fähigkeit summieren, die Einstellung aber alles multipliziert. Damit wird der Einfluss der Einstellung deutlich dem des Wissens und der Fähigkeit übergeordnet.

Auf der einen Seite kann jemand ohne das entsprechende Wissen und die notwendigen Fähigkeiten natürlich keinen langfristigen Erfolg bei der Problemlösung haben. Auf der anderen Seite werden ihn diese Eigenschaften nicht weit bringen, lässt er die entsprechende Einstellung vermissen. Jemand mit großer Hingabe vermag allerdings gewisse Schwächen in Wissen und Fähigkeit durch seine Einstellung auszugleichen und wird trotzdem ans Ziel kommen und Erfolg haben.

Neben den Eigenschaften eines guten Problemlösers sind die Rahmenbedingungen für den Erfolg entscheidend:

Der Wille muss von allen relevanten Personen da sein, das Problem systematisch und nachhaltig lösen zu wollen und das mit allen damit verbundenen Konsequenzen. Die angesprochenen Konsequenzen sind dabei vor allem die Faktoren Zeit, Kapazität und Geld. Jedes Problemlösen erfordert, dass sich Personen für eine bestimmte Zeit in ausreichender Tiefe damit auseinandersetzen. Diese Personen stehen für diese Zeit anderen Dingen nicht mehr zur Verfügung. Außerdem verursacht eine Problemlösung üblicherweise zusätzliche Kosten, die es zu tragen gilt.

Hier muss die Frage gestellt werden, ob die Lösung des Problems wichtig genug ist, die Kapazität und das Geld dafür aufzubringen, welche anderswo möglicherweise fehlen würde. Hier muss üblicherweise eine Priorisierung erfolgen, das heißt die Festlegung einer Reihenfolge auf Basis der Wichtigkeit der durchzuführenden Aufgaben. Ist einmal die notwendige Priorität vorhanden, finden sich Zeit, Kapazität und Geld meistens von alleine.

Wie wichtig hierbei die Priorisierung ist und wie man durch sie effektiv Zeit sparen kann verdeutlich das unter dem Namen „Hafenmeisterprinzip" (32) bekannt gewordene Beispiel aus Abbildung 16.

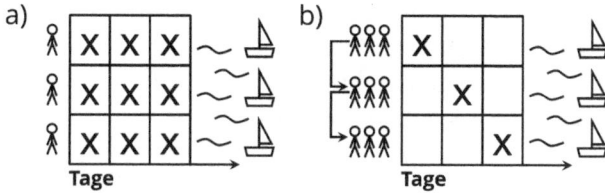

Abbildung 16: Hafenmeisterprinzip ohne (a) und mit (b) Priorisierung. Die Kreuze zeigen an welchem Tag an dem jeweiligen Schiff gearbeitet wird.

Bei diesem plakativen Beispiel geht man von drei Hafenarbeitern aus, die drei gleichzeitig im Hafen ankommende Schiffe entladen und wieder beladen sollen, damit diese so schnell wie möglich wieder in See stechen können.

Man nimmt nun an, dass 1 Hafenarbeiter für ein Schiff genau 3 Tage für diese Tätigkeit gebraucht. Zudem setzt man voraus, dass sich die benötigte Zeit mit der Anzahl der Hafenarbeiter, die gleichzeitig an einem Schiff arbeiten, entsprechend verringert. Dabei gebrauchen 3 Hafenarbeiter für 1 Schiff nur 1/3 der Zeit, sprich einen Tag. Aufgabe des Hafenmeisters ist es nun seine Mitarbeiter so effektiv wie möglich einzusetzen.

Kümmert sich ein Hafenarbeiter um jeweils ein Schiff, können alle Schiffe nach drei Tagen den Hafen wieder verlassen (Abbildung 16a). Setzt der Hafenmeister aber, wie in Abbildung 16b dargestellt, alle 3 Mitarbeiter zunächst auf ein Schiff an, kann dieses nach Tag 1 bereits wieder in See stechen. Wenn sie sich danach um das zweite Schiff kümmern, ist dieses nach Tag 2 bereit. Am dritten Tag entladen und beladen sie Schiff drei, welches nach Tag drei wieder abfahren kann.

Durch sequentielle Abarbeitung der Aufgaben hat der Hafenmeister in diesem Beispiel ganze drei Tage gewonnen an denen Schiffe früher losfahren konnten, obwohl er dabei nicht mehr Ressourcen zur Verfügung hatte.

Übertragen auf die reale Welt veranschaulicht dieses Beispiel, dass man durch sequentielle Bearbeitung nach Reihenfolge von abnehmender Wichtigkeit (Priorisierung), effektiv Zeit sparen kann ohne zusätzliche Ressourcen zu gebrauchen. Leider sieht man in der Realität nur zu oft, dass man an vielen Themen gleichzeitig arbeitet und bei keinem so richtig vorankommt. Eine Priorisierung könnte dabei helfen.

Hat man nun alle notwendigen Rahmenbedingungen für eine effektive Problemlösung erfüllt, ist es wichtig die richtigen Leute an Bord zu holen. Am Stammtisch in der Kneipe kann jeder sagen, warum sein Fußballteam mal wieder verloren hat und wen man hätte besser aufstellen sollen. Ähnliche Selbstüberschätzung trifft man leider auch sehr oft bei anderen Gelegenheiten, insbesondere bei der Problemlösung. Hier gilt es die wirklichen Experten mit einzubeziehen und dabei sowohl an die Ursachen und Lösungsfindung zu denken als auch an den notwendigen Support, wie beispielsweise aus dem Management. Das kennt man vielleicht auch von zu Hause: Man kann noch so gut den nächsten Urlaub planen, wenn die Ehefrau bzw. der Lebenspartner nicht hinter diesen Plänen stehen, kommt man nur schwer damit durch.

Bezogen auf die Selbstüberschätzung gibt es einen Denkfehler der als Dunning-Kruger-Effekt (33) bekannt geworden und im Diagramm von Abbildung 17 veranschaulicht ist.

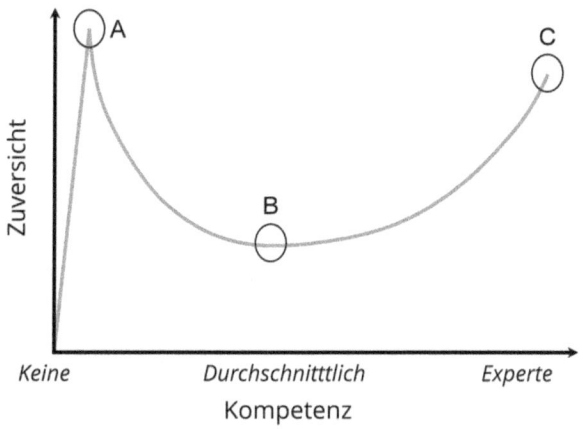

Abbildung 17: Dunning –Kruger-Effekt

Das Diagramm stellt die empfundene Zuversicht als Funktion der eigenen Kompetenz dar und veranschaulicht folgendes:

Schon nach kurzer Zeit fühlt man sich sehr zuversichtlich im Thema mitreden zu können, obwohl man noch kein signifikantes Wissen darüber hat (A). Mit dem Aufbau der Kompetenz sieht man was einem noch alles fehlt und die Zuversicht nimmt ab. Baut man nun weiter Kompetenz auf, kommt der Punkt an dem die Zuversicht wieder ansteigt (B) bis man wieder einen Grad mit hoher Zuversicht als Experte mit hoher Kompetenz erreicht (C). Ob der Grad der Zuversicht aber nochmal so hoch wird wie man Anfang ist unklar. Selbst Experten wissen, dass sie eben doch nicht alles wissen und können die Lücken in ihrem Wissen weit besser einschätzen als Laien.

Schlusswort

„Es ist schon alles gesagt, nur noch nicht von allen."

Karl Valentin, deutscher Komiker, Volkssänger, Autor und Filmproduzent

„Wer arbeitet, macht Fehler. Wer viel arbeitet, macht mehr Fehler. Nur wer die Hände in den Schoß legt, macht gar keine Fehler."

Friedrich Alfred Krupp, deutscher Industrieller

„Die Theorie ist nicht die Wurzel, sondern die Blüte der Praxis."

Ernst Freiherr von Feuchtersleben, österreichischer Arzt, Popularphilosoph, Lyriker und Essayist

„Es ist nicht genug, zu wissen, man muss auch anwenden; es ist nicht genug, zu wollen, man muss auch tun."

Johann Wolfgang von Goethe, deutscher Schriftsteller und Naturforscher

In diesem Buch haben wir gesehen warum es teilweise so schwierig ist eine erfolgreiche Problemlösung durchzuführen. Oft stehen wir uns dabei selber im Weg bedingt durch die Art und Weise wie unser Denken funktioniert. Fallen in die wir tappen können, beziehungsweise Denkfehler, die wir begehen können gibt es reichlich und auch unserem Denkvermögen sind natürliche Grenzen gesetzt.

Für eine effektive Problemlösung haben wir einen Ansatz kennengelernt, der uns systematisch auf einzelnen Schritten durch das nachhaltige Lösen von Problemen führt. Durch diesen Ansatz lösen wir uns von einseitigem Denken und einer irreführenden Beeinflussung von außen.

Durch einen Exkurs in die technische Problemlösung haben wir einen kurzen Einblick bekommen wie Problemlösung auf beruflicher Ebene gelebt wird und haben festgestellt, dass es viele Parallelen zur alltäglichen Problemlösung gibt, auch wenn die angewandten Werkzeuge teils deutlich komplexer sind.

Zu guter Letzt haben wir die Rahmenbedingungen für ein erfolgreiches Problemlösen beleuchtet und haben hilfreiche und notwendige Eigenschaften für einen guten und erfolgreichen Problemlöser kennengelernt.

Im generellen gilt zu sagen: Eine gut aufgesetzte Problemlösung ist keine Garantie zur Lösung der Probleme, stellt aber die notwendige Voraussetzung für ihre effektive und nachhaltige Lösung dar. Dabei gilt es immer das wichtigste zu beachten: Alles Wissen ist nur etwas Wert, wenn es auch angewendet wird.

Viel Spaß dabei!

Lieber Leser,

Ich hoffe das vorliegende Buch hat Ihnen gefallen und Sie konnten die eine oder andere Sache für sich mitnehmen. Falls dem so sein sollte, sprechen Sie mit Freunden und Kollegen darüber, twittern Sie, schreiben einen Blogbeitrag oder am besten eine Leserbewertung bei Amazon. Da ich als unabhängiger Autor nicht die Werbemöglichkeiten eines großen Verlags zur Verfügung habe, bin ich auf diese Form der Werbung angewiesen.

Falls Sie mir ein direktes Feedback geben möchten, würde mich das sehr freuen. Ich bin immer an konstruktiver Kritik und Anregungen interessiert. Richten Sie dieses Feedback einfach an meine e-mail veroil@web.de und ich versuche möglichst zeitnah zu antworten.

Danksagung

Hier treffe ich auf ein Problem zu dem es keine perfekte Lösung gibt. Wie danke ich allen relevanten und wichtigen Leuten, die im Laufe meines Lebens zu diesem Buch beigetragen haben ohne jemand wichtigen zu vergessen.

Da mir dies nicht gelingen wird, entschuldige ich mich vorab schon mal in aller Form bei denjenigen, die ich hier ungerechtfertigter und unbeabsichtigter Weise nicht aufgeführt habe.

Der erste Dank gilt natürlich meinen Eltern, ohne die dieses Buch ganz sicher nicht entstanden wäre. Des Weiteren zolle ich meiner Familie und vor allem meiner Frau Gloria einen großen Dank, die zum einen viel Verständnis aufgebracht und mich zum anderen in meinem Vorhaben voll unterstützt hat. Dabei gilt ein besonderer Dank auch meiner Schwester Nicole Nelles, die mich nicht nur als Bruder einen großen Teil ihres Lebens ertragen musste, sondern die mir durch Ihre Sachkenntnis als Kinder und Jugendpsychiater eine große Hilfe bei der Erstellung des Buches war.

Bezogen auf das Thema Problemlösung gilt ein großer Dank an meinen Freund und Kollegen Rodrigo Medina Chacón. Er ist ein wahrer Problemlöser und hat sich auch beruflich schon vielfach in schwierigen Fällen ausgezeichnet. Seine Hingabe und Begeisterung suchen seinesgleichen und er hat das Feuer in mir erst so richtig erweckt.

Weiterer Dank gilt an Arndt Remhof, der mir immer ein guter Freund, Kollege und einer der ersten Probeleser dieses Buches war.

Viele exzellente Arbeiten zu den hier besprochenen Themen Verhaltensforschung, Psychologie und Verhaltensökonomik, haben mich nicht nur zu diesem Buch inspiriert. Sie haben mich regelrecht begeistert und sind schließlich ein Teil meines Lebens geworden. Sowohl privat als auch beruflich hatten sie einen großen Einfluss auf mich und meinen Werdegang. Insbesondere bei Herrn Dobelli möchte ich mich dabei bedanken, der mit seinen Publikationen maßgeblichen Anteil daran hatte, dass die Begeisterung in mir geweckt wurde.

Zu guter Letzt, lieber Leser, gilt Ihnen mein größter Dank. Aus der Vielzahl der Bücher auf dem Buchmarkt haben Sie sich für dieses Buch entschieden und ich hoffe, dass ich Ihren Erwartungen gerecht werden konnte. Auch wenn mir das Schreiben dieses Buches sehr viel Spaß gemacht hat, ist es doch ein Ziel jedes Autors seine Gedanken mit anderen zu teilen. Vielen Dank, dass Sie mir das ermöglicht haben.

Anhang

Übersicht für die Problemlösung relevanter Denkfehler

Ausgewählte Denkfehler, die relevant für die Problemlösung sind, werden im Folgenden in alphabetischer Reihenfolge aufgelistet. Sie sind zum überwiegenden Teil dem Buch „Klar denken, klug handeln" von Rolf Dobelli (10) entlehnt, der eine sehr umfassende Zusammenfassung unterschiedlichster Denkfehlern erstellt hat.

Action Bias

In unklaren Situationen verspürt man den Impuls etwas zu tun, irgendetwas, egal ob es hilft oder nicht. Danach fühlt man sich besser, selbst wenn keine Besserung eingetreten ist.

Aderlasseffekt

Eine falsche Theorie wird nicht aufgegeben wenn sie sich als falsch erweist, sondern erst, wenn eine bessere in Sicht ist. Der Name kommt dabei von der mittelalterlichen medizinischen Methode des Aderlasses, die zwar falsch war, aber noch über lange Zeit mangels Alternativen mit verheerenden Folgen angewandt wurde.

Affektheuristik

Man mag etwas oder mag es nicht: Diese emotionale Einstellung bestimmt wie man die Risiken und den Nutzen einer Sache einschätzt. Komplexe Entscheidungen werden getroffen indem man sich fragt: „Wie fühle ich mich dabei" und nicht: "Wie denke ich darüber". Und wenn die Risiken nachweislich doch größer sind als gedacht, erhöht man unbewusst auch die Einschätzung der Vorteile.

Alternative Pfade

Alles was ebenfalls hätte eintreffen können, aber nicht eingetroffen ist unsichtbar. Alternative Optionen werden dabei nicht wahrgenommen und im Nachhinein wird das Vorgehen über den Erfolg bzw. Misserfolg gerechtfertigt und nicht über den Weg dorthin.

Alternativenblindheit

Jemand macht einen Vorschlag und vergleicht ihn mit dem Status Quo. Dabei werden andere mögliche Alternativen nicht in Betracht gezogen.

Ambiguitätsintoleranz (Ellsberg-Paradoxon)

Bekannte Wahrscheinlichkeiten werden unbekannten vorgezogen. Risiken lassen sich oftmals statistisch ausrechnen, nicht zu quantifizierende Unbestimmtheit erzeugt dagegen ein Unbehagen, welches man nur schweren Willens bereit ist auszuhalten.

Anfängerglück

Wenn Dinge am Anfang gut laufen, muss das nicht immer unbedingt für besondere Fähigkeiten sprechen. Erst über längere Zeit kann man sagen, dass der Erfolg auf Fähigkeiten bzw. besonderer Expertise basiert.

Angst vor Reue

Die Angst vor Reue führt zu irrationalem Handeln. Man tendiert dazu mit der Masse zu schwimmen, wobei man aktive und ungewöhnliche Handlungen stärker bereut.

Anker

Man wird von momentan vorhandenen Umgebungsinformationen oder bereits durchgelebten Erfahrungen beeinflusst, ohne dass einem dieser Einfluss bewusst wird. Die Umgebungsinformationen haben selbst dann Einfluss, wenn sie für die Entscheidung eigentlich irrelevant sind.

Anreizsensitivität (Incentive-Superresponse-Tendenz)

Man reagiert auf Anreize aber nicht auf die dahinterstehende Absicht. Wird beispielsweise der Aufwand belohnt, wird der Aufwand maximiert und nicht versucht das bestmöglichste Ergebnis mit minimalem Aufwand und Kosten zu erhalten. Besonders deutlich wird das bei Belohnungssystemen in Firmen (Boni-System). Dort wird häufig nicht zum Wohl der Firma gehandelt sondern nur zur Maximierung der eigenen Belohnung, wie in der letzten Bankenkrise ersichtlich wurde (34).

Association Bias

Man tendiert dazu, Dinge miteinander zu verbinden, die nur zufällig „nebeneinander" stehen. Aus Assoziationen basierend auf vorherigen Erfahrungen werden scheinbar plausible Geschichten konstruiert, die aber von der Realität abweichen können.

Aufmerksamkeitsillusion

Wenn wir unsere Wahrnehmung auf eine Sache konzentrieren, tilgen wir andere Wirklichkeitsbereiche. Das kann so weit gehen, dass wir laute Geräusche, große Gestalten in unserem Sichtfeld etc. nicht mitbekommen (siehe auch das Experiment zur selektiven Wahrnehmung im Kapitel „Exkurs Denkfehler"!

Aufwandsbegründung

Mit steigendem Aufwand, den man für etwas aufbringt, steigt auch die subjektive Wahrnehmung der Wichtigkeit und Bedeutsamkeit. Die Wahrnehmung der Bedeutsamkeit des eigentlichen Ergebnisses wird verfälscht.

Auswahl-Paradox

Objektiv gesehen ist eine größere Auswahl immer von Vorteil. Subjektiv kann Sie aber auch negative Konsequenzen haben, die mit innerer Lähmung (es fällt einem schwer sich zu entscheiden), Überforderung und Unzufriedenheit einhergehen. Bei letzterem Punkt zweifelt man immer daran, auch wirklich die beste Entscheidung getroffen zu haben und trauert den anderen Möglichkeiten nach.

Authority Bias

Der Authority Bias ist die Tendenz die Meinung einer als Spezialist oder als sachverständig eingeschätzten Person unreflektiert zu übernehmen. Man gehorcht Autoritäten selbst dort, wo es rational oder moralisch keinen Sinn ergibt.

Ein sehr anschauliches Beispiel ist der unter dem Namen Milgram-Experiment bekannt gewordene Versuch (35), bei dem Versuchspersonen durch scheinbare Autoritäten dazu gebracht wurden gegen ihr Gewissen zu handeln, und das in der Überzeugung anderen Menschen schweren körperlichen Schaden zuzufügen. Insbesondere mit Hinsicht auf die Judenverfolgung im dritten Reich stellte dieser Versuch ein viel diskutiertes und verblüffendes Experiment dar.

Availability Bias

Bei einem „Availability Bias" werden Wahrscheinlichkeiten falsch einschätzen. Man macht sich ein Bild der Welt anhand der Einfachheit, mit der einem Beispiele einfallen. Laute und grelle Ereignisse sind dabei präsenter als leise und unscheinbare. Dadurch misst man ihnen eine größere Wahrscheinlichkeit zu.

Base-Rate Neglect
(Vernachlässigung der Grundverteilung)

Man vernachlässigt die Grundwahrscheinlichkeit und statistische Verteilung (siehe auch Beispiel der Landwirte im Kapitel „Exkurs: Denkfehler") und berücksichtigt dabei nur ob das Ereignis scheinbar plausibel ist.

Begründungsrechtfertigung

Wenn man einen Grund angibt („weil"), selbst wenn es sich um redundante Information handelt, wird einem Anliegen oft stattgegeben. Man stößt auf mehr Verständnis und Entgegenkommen.

Besitztumseffekt

Wenn man etwas besitzt wird es als wertvoller einge-schätzt als wenn man es nicht besitzt. Der Besitz einer Sa-che steigert somit den subjektiven Wert für einen selber.

Chauffeur-Wissen

Menschen, die bestimmte Themen vertreten, werden manchmal für Experten gehalten, obwohl sie nicht unbe-dingt eine große Expertise darin haben bzw. nur Halb-wissen besitzen. Vordergründiges Wissen und selbstbe-wusstes Auftreten wird manchmal mit Kompetenz und Expertise verwechselt.

Der Name kommt übrigens von einer wohl nicht ganz ernst zu nehmenden Geschichte, die über Albert Einstein und seinen Chauffeur erzählt wird:

>> Albert Einstein musste an vielen Universitäten Vor-träge über seine Relativitätstheorie halten. Einmal meinte sein Fahrer zu ihm: "Herr Professor, ich habe diesen Vor-trag jetzt schon so oft gehört, dass ich ihn Wort für Wort auswendig kann. Ich könnte ihn bestimmt ebenso gut halten wie Sie." "Gut." sagte der Gelehrte, "Da, wo wir jetzt hinfahren, kennt man mich nicht persönlich. Ich setze Ihre Chauffeursmütze auf und Sie halten meinen Vortrag als Professor Einstein." Gesagt, getan. Es klappte auch al-les vorzüglich. Nur nach Ende des Vortrages stellte ihm einer der Professoren eine überaus komplizierte Frage, die mit Gleichungen und Formeln gespickt war. Der

Chauffeur reagierte schnell und sagte: "Ich bin überrascht, dass Sie mich so etwas Einfaches fragen. Solche
simplen Dinge weiß sogar mein Chauffeur. Ich lasse ihn
rufen, damit Sie sich selbst davon überzeugen können."<<

Clustering Illusion

Die Clustering-Illusion (von engl. cluster „Häufung") beschreibt die menschliche Eigenschaft, zufälligen Mus-
tern, die in ausreichend großen Datenmengen zwangsläufig vorkommen, Bedeutungen zuzuschreiben.

Confirmation Bias (Bestätigungsfehler)

Neigung, Informationen so auszuwählen, zu ermitteln
und zu interpretieren, dass diese die eigenen Erwartungen erfüllen bzw. bestätigen. Nicht damit übereinstim-
mende Informationen werden dabei oft ausgeblendet o-
der vernachlässigt.

Conjunction Fallacy (Verknüpfungstäuschung)

Die Eintrittswahrscheinlichkeit von zwei verbundenen
Ereignissen wird gleichzeitig höher eingeschätzt als die
Eintrittswahrscheinlichkeit jedes einzelnen Ereignisses,
was nach der Wahrscheinlichkeitstheorie nicht möglich
wäre. Das intuitive Verständnis für stimmige oder plausible Geschichten überwiegt dabei die Logik. Siehe dazu
auch das Beispiel von Linda im Kapitel „Denkfehler".

Das Gesetz der kleinen Zahl

Je kleiner die Stichprobenmenge ist, desto größer ist darin auch die Streuung, da Einzelergebnisse sich nicht so gut herausmitteln wie bei großen Stichprobenmengen. Das führt dazu, dass man häufig bei kleineren Studien hohe Abweichungen beobachtet, die aber nur ein normales Ergebnis der statistischen Verteilung sind. Intuitiv ist das schwierig zu erfassen.

Das Problem mit dem Durchschnitt

Die Durchschnittsbetrachtung macht nur Sinn, wenn man sich gleichzeitig auch die Verteilung betrachtet. Sobald Extremwerte in diese Betrachtung eingehen, kann ein Durchschnittswert schnell in die Irre führen und wenig aussagekräftig sein.

Wenn beispielsweise ein Milliardär in einen vollbesetzten Bus steigt, steigt das durchschnittliche Vermögen der Businsassen enorm. Das spiegelt aber nicht die dahinterstehende Vermögensverteilung wieder.

Default-Effekt

Beim Default-Effekt findet eine übermäßige Bevorzugung derjenigen Option („Default-Option") statt, bei der man keine aktive Entscheidung trifft, die sozusagen bereits als Standard vorgegeben ist. Es bleibt somit alles wie es ist und man muss nicht aktiv werden, was auch oft eine gewisse Bequemlichkeit widerspiegelt.

Déformation professionnelle

Bei der „Déformation professionnelle" zeigt sich die Neigung eine berufs- oder fachbedingte Methode oder Perspektive unbewusst über ihren Geltungsbereich hinaus anzuwenden. Der Mann mit dem Hammer betrachtet alles als Nagel.

Die andere Seite des Wissens
(Probieren geht über Studieren)

Bücherwissen wird häufig systematisch überschätzt, da es vorspiegelt klar und unzweideutig zu sein. Dabei kann das praktische Wissen und Fähigkeiten häufig nur schwer vermittelt werden. Hinzu kommt, dass die Darstellung und die Ausdrucksweise bei Büchern sehr dominant sein kann und damit schnell den eigentlichen Inhalt in den Hintergrund treten lässt.

Die Falle des einen Grundes

In den meisten Fällen gibt es nicht die „eine" Ursache, sondern es sind immer viele Gründe warum etwas passiert. Und doch versucht man immer wieder der Sache auf „den" Grund zu gehen, und vernachlässigt dabei häufig andere beteiligte Faktoren.

Domain Dependance

Wissen ist nicht immer einfach auf andere Gebiete übertragbar. Was man in einem Gebiet meisterhaft beherrscht lässt sich oft nur schwer auf ein anderes anwenden. Das erklärt auch warum man unter Ärzten so viele Raucher findet.

Einfache Logik

Man verfällt auf den ersten Blick scheinbar logischen Schlüssen, die sich bei näherer Betrachtung als falsch herausstellen. Man vertraut hier instinktiv auf die erste spontane Einschätzung ohne es weiter zu reflektieren und zu hinterfragen. Siehe dazu auch die Ausführungen im Kapitel „Denkfehler".

Entscheidungsermüdung

Entscheiden ist anstrengend und kostet Willenskraft. Die dazu notwendige Energie ist wie bei einer Batterie irgendwann aufgebraucht, was dazu führen kann, dass man notwendige Entscheidungen in dem Moment nicht bzw. falsch trifft. Man wird zudem anfälliger auf Beeinflussung von außen.

Erwartungen

Erwartungen können einen starken Einfluss auf die bewusst wahrgenommene Realität haben und damit auch ein objektives Bild verfälschen. Das geht sogar so weit, dass Erwartungen Auswirkungen auf die Biochemie des Gehirns ausüben können und damit physische Folgen hervorrufen können (Beispiel Prüfungsangst).

Fähigkeitsillusion

Manchmal werden Fähigkeiten mit bestimmten Personen oder Gruppen in Verbindung gebracht, die in diesem Umfang gar nicht vorhanden sind. Oft ist dabei auch Zufall und Glück mit im Spiel, bzw. die Leistung anderer, die im Hintergrund stehen.

Falsche Kausalität

Wenn man Fakten interpretiert, neigt man dazu bei Korrelationen kausale Beziehungen herzustellen, auch wenn die Relation nur dem Zufall geschuldet ist oder die Fakten nur eine gemeinsame Ursache haben aber nicht direkt voneinander abhängen. Hier wird oft auch die Ursache mit der Wirkung vertauscht. Auf einer Postkarte stand einmal: „Sonnengebräunte Haut wiegt 3 Kilo mehr."

Falscher-Konsens-Effekt

Man tendiert dazu zu glauben, dass andere die eigenen Einschätzungen teilen. Wenn nicht, wird schnell Unwissenheit, Dummheit oder Boshaftigkeit unterstellt.

Feature-Positive Effekt

Man nimmt nur wahr was es gibt, aber nicht, was fehlt. Es fällt extrem schwierig in Absenz zu denken. Daher merkt man auch erst wie gut es einem ging, wenn es einem schlecht geht.

Framing

Auf die genau gleiche Sachlage reagiert man unterschiedlich, je nachdem wie sie dargestellt wird. Dabei kann die Formulierung einer Botschaft einen starken Einfluss auf das Verhalten des Empfängers haben.

Fundamentaler Attributionsfehler

Es gibt die Tendenz den Einfluss von Personen systematisch zu überschätzen und äußere, situative Faktoren zu unterschätzen, wenn es darum geht Situationen und Handlungen zu bewerten.

Geschichtsfälschung

Unsere Erinnerungen sind mit Fehlern behaftet. Das Wissen über den Ausgang eines Ereignisses beeinflusst dabei die Erinnerung an dieses Ereignis, womit die Kenntnislage vor dem Ereignis verzerrt wahrgenommen wird. Das Ergebniswissen wird somit im Nachhinein vorweggenommen und beeinflusst die anschließende Bewertung.

Groupthink (Gruppendenken)

Gruppendenken ist ein Prozess, bei dem eine Gruppe von an sich kompetenten Personen schlechtere oder realitätsfernere Entscheidungen als möglich trifft, weil jede beteiligte Person ihre eigene Meinung an die erwartete Gruppenmeinung anpasst.

Halo Effekt

Ein einzelnes Merkmal einer Person wirkt so dominant, dass andere Merkmale in der Beurteilung dieser Person sehr stark in den Hintergrund gedrängt bzw. gar nicht mehr berücksichtigt werden. Darüber hinaus wird ausgehend von dem gewählten Merkmal auf weitere Eigenschaften der Person geschlossen, ohne dass hierfür eine objektive Grundlage vorliegen muss.

Hyperbolic Discounting

Die Bewertung von Ausgaben und Gewinnen in Gegenwart und Zukunft ist bei Menschen oft verzerrt. Künftige Kosten bzw. auch Gewinne werden unterschätzt, gegenwärtige überbewertet. Das erklärt unter anderem auch die häufig zu findende kurzfristige Sichtweise. Ein berühmt gewordenes Beispiel dafür ist der sogenannte Marshmallow-Test, der im Kapitel „Wie löst man das Problem endgültig?" vorgestellt wurde.

Information Bias

Der Information Bias ist der Irrglaube, dass mehr Information automatisch zu besseren Entscheidungen führt. Nicht relevante oder redundante Informationen verwirren und halten auf bei der Entscheidungsfindung. Was man nicht wissen muss, bleibt wertlos, selbst wenn man es weiß.

In-Group/Out-Group Bias

Innerhalb einer Gruppe bekommen Gruppenmitglieder überproportional viel Unterstützung für die eigenen Ansichten. Dem gegenüber wird allen außerhalb der Gruppe eher mit Vorurteilen, Skepsis und Abneigung begegnet. Die Identifikation mit einer Gruppe kann dadurch die Sicht auf die Tatsachen verzerren. Das ist insofern verwunderlich, da sich Gruppen oft auf Basis von minimalen und teilweise trivialen Kriterien bilden.

Intention-To-Treat-Fehler

Wenn Studienobjekte während einer Studie nicht mehr berücksichtigt werden kann es zu irreführenden und verfälschten Ergebnissen kommen. Daher sollten immer alle Daten ausgewertet werden, die man zu einer Studie heranzieht.

Introspection Illusion (Selbstbeobachtungsillusion)

Bei der „Introspection Illusion" wird der eigenen Erforschung des emotionalen Innenlebens zu viel Glaubwürdigkeit eingeräumt. Man legt großen Wert auf die eigenen Gefühle und denkt, dass diese die Situation und das eigene Verhalten gut erklären und daher auch eine fundierte Grundlage für Entscheidungen darstellen. Das wird häufig mit dem Wort Bauchgefühl beschrieben. Dabei sind die eigenen Gefühle tatsächlich oft schlecht zu erfassen, schwanken im Laufe weniger Stunden stark und sind somit tatsächlich oft eine denkbar schlechte Grundlage für wichtige Entscheidungen.

Knappheitsirrtum

Seltenes wird als wertvoller und attraktiver eingeschätzt. Dabei spielt der Preis und Nutzen oft nur noch eine untergeordnete Rolle. Wird man einer Option beraubt erscheint diese attraktiver.

Kognitive Dissonanz

Kognitive Dissonanz bezeichnet in der Sozialpsychologie einen als unangenehm empfundenen Gefühlszustand. Er entsteht dadurch, dass ein Mensch mehrere Kognitionen hat (Wahrnehmungen, Gedanken, Meinungen, Einstellungen, Wünsche oder Absichten), die nicht miteinander vereinbar sind. Durch diese Unvereinbarkeit und dem davon ausgelösten unangenehmen Gefühlszustand, wird das Ergebnis häufig nachträglich uminterpretiert. Man belügt sich dabei quasi selber.

Kontrasteffekt

Man hat generell Mühe mit absoluten Beurteilungen. Ein Objekt, das eine mittlere Beurteilung erhält, wird positiver beurteilt, wenn ihm ein negativ beurteiltes Objekt vorangeht (positiver Kontrasteffekt), und negativer, wenn ihm ein positiv bewertetes Objekt vorausgeht (negativer Kontrasteffekt).

Kontrollillusion

Die Kontrollillusion ist die menschliche Tendenz, zu glauben, gewisse Vorgänge kontrollieren zu können, die nachweislich nicht beeinflussbar sind.

Liking Bias

Man arbeitet eher mit Leuten zusammen und ist offener hinsichtlich deren Ansichten und Meinungen, die man sympathisch findet. Dabei übersieht man leichter Fehler und Unzulänglichkeiten. Sympathie kann dabei von vielen Faktoren abhängig sein wie beispielsweise Attraktivität oder eine Ähnlichkeit in der Persönlichkeit. Die Sache an sich sollte aber nie dabei in den Hintergrund treten.

Mere Exposure Effekt

Allein die wiederholte Wahrnehmung einer anfangs neutral beurteilten Sache hat ihre positivere Bewertung zur Folge. Je häufiger wir einer Sache begegnen, desto sympathischer wird sie uns.

Neomanie

Wenn das Neue immer und unhinterfragt besser ist als das Alte, dann wird das als Neomanie bezeichnet. Quasi als Sucht nach dem Neuen.

Not-Invented-Here-Syndrom

„Die Idee kann nicht gut sein, denn sie war nicht von mir." Das ist, kurzgefasst, der Kern des Not-Invented-Here-Syndroms. Es führt beispielsweise bei Unternehmen zur Ablehnung von externen Entwicklungen. Aus der Ablehnung resultieren oftmals Ineffizienzen und Doppelentwicklungen, die u.a. bei Innovationskooperationen zu schwerwiegenden Problemen führen können.

Omission Bias (Unterlassungsirrtum)

Schäden durch Unterlassung erscheinen subjektiv harmloser als Schäden verursacht durch aktives Handeln.

Optionen offenhalten

Man versucht sich immer möglichst viele Optionen offen zu halte. Da dies seinen Preis hat, wie Denk-, Lebenszeit und Kosten, kann dies ein sehr ineffizientes Vorgehen sein. Manchmal ist es besser bewusste Entscheidungen zu treffen und dabei Türen zu schließen.

Outcome Bias

Man tendiert dazu, die Qualität einer Entscheidung nach dem finalen Ausgang zu beurteilen. Das Ergebnis sagt aber nicht zwingend etwas aus über die Güte der damaligen Entscheidung. Wichtig ist die Frage, ob man mit den damaligen Informationen, und das Ergebnis ausblendend, nochmal genauso handeln würde. Hier sollte man sich bewusst machen warum so entschieden wurde.

Overconfidence-Effekt

Man überschätzt regelmäßig und systematisch sein Wissen und seine Fähigkeiten. Dadurch erklärt sich auch, dass weit mehr als 50% der Autofahrer meinen sie seien überdurchschnittliche Autofahrer.

Parkinsonsches Gesetz

Arbeit dehnt sich genau in dem Maß aus, wie Zeit für ihre Erledigung zur Verfügung steht - und nicht wie viel Zeit man tatsächlich dafür bräuchte.

Personifikation

Man ist empfänglicher gegenüber Einzelschicksalen als gegenüber anonymen Gruppenschicksalen, auch wenn die Gruppenschicksale mit objektiven und umfassenden Fakten belegt sind. Dabei sind gerade die Fakten und die damit verbundene statistische Verteilung wichtig für eine objektive Meinungsbildung.

Planungsirrtum (Planning Fallacy)

Beim Planen nimmt man sich zu viel vor und erreicht seine Ziele nicht in der beabsichtigten Zeit. Das hat unter anderem mit der Nichtberücksichtigung von nicht kontrollierbaren und teilweise unbekannten Einflüssen zu tun. Bei genauerer Planung wird der Effekt teilweise noch verstärkt, da noch mehr auf das eigentliche Projekt fokussiert wird und projektfremde und störende Einflüsse noch weniger Berücksichtigung finden.

Plappertendenz

Man tendiert dazu etwas zu einem Thema zu sagen, auch wenn man dazu eigentlich nichts weiß. Denkfaulheit, Dummheit oder Nichtwissen führen zu Unklarheit im Kopf. Ein Schwall von Wörtern soll diese geistige Unklarheit maskieren. Je eloquenter diese vorgetragen wird, eventuell noch von einer Autorität, desto eher fällt man darauf herein.

Primär- und Rezenzeffekt

Beim Primäreffekt zählt der erste Eindruck, vor allem, wenn kurz danach eine Entscheidung getroffen werden muss. Der Rezenzeffekt überwiegt, wenn die Eindrücke länger zurückliegen. Hier erinnert man sich vorwiegend an das Ende und weniger an das was zuvor passiert ist.

Prognoseillusion

Viele Entscheidungen basieren auf Prognosen. Dabei sind Vorhersagen sehr unsicher, vor allem, wenn sie die Zukunft betreffen. Da häufig komplexe Prozesse beteiligt sind, die fast unmöglich vorhergesagt werden können, haben Prognosen oft den Wahrheitscharakter eines Zufallsgenerators. Die Güte der Prognose sollte man im Nachhinein daran messen, in wie weit sie zugetroffen ist. Das wird leider viel zu selten gemacht.

Prokrastination

Prokrastination ist die Tendenz unangenehme aber wichtige Handlungen zu verschleppen.

Regression zur Mitte

Nach einem extrem ausgefallenen Messwert liegt die nachfolgende Messung wieder näher am Durchschnitt, falls der Zufall einen Einfluss auf die Messgröße hat. Hier handelt es sich um ein rein statistisches Phänomen, das intuitiv nur schwer zu begreifen ist. Daher werden hier häufig illusorische Kausalzusammenhänge anstelle der rein zufälligen Regression vermutet.

Rosinenpicken (Cherry Picking)

Man tendiert dazu sich von etwas Bestimmtem nur die attraktivsten Teile zu sichern, um die eher unattraktiven anderen zu überlassen. Nicht erreichte Ziele, Fehlschläge und gescheiterte Projekte bleiben unerwähnt. Dabei könnte man gerade aus Fehlschlägen das meiste lernen.

Rückschaufehler

Man erinnert sich systematisch falsch an frühere Vorhersagen, nachdem der Ausgang von Ereignissen erfahren wurde. Dabei werden die ursprünglichen Schätzungen in Richtung der tatsächlichen Ausgänge verzerrt.

Salienz-Effekt

Der Salienz Effekt (salience - hervorstechendes Merkmal) sorgt dafür, dass ein hervorstechendes Merkmal mehr Aufmerksamkeit erhält als er verdient. Die Beurteilung erfolgt vorwiegend an Hand des salienten bzw. auffälligen Merkmals und ist damit nicht mehr objektiv.

Schläfereffekt

Beim Schläfereffekt vergisst man mit der Zeit den Ursprung einer Mitteilung. Die Bewertung der Mitteilung hängt dann nur noch von deren Inhalt ab und nicht mehr zusätzlich von der Einstellung gegenüber dem ursprünglichen Sender der Mitteilung. Die Glaubwürdigkeit der

Quelle kann dann nicht mehr in die Beurteilung einbezogen werden.

Schwarzer Schwan

Der schwarze Schwan steht für ein Ereignis, das selten und höchst unwahrscheinlich ist, ein undenkbarer Vorfall, aber mit großer Auswirkung. Da dieser Vorfall so unwahrscheinlich ist, trifft es einen immer unvorbereitet. Er lässt sich weder planen noch kontrollieren.

Self-Serving Bias (Selbstwertdienliche Verzerrung)

Die selbstwertdienliche Verzerrung ist die Tendenz, eigene Erfolge im Zweifelsfall eher inneren Ursachen (wie eigenen Fähigkeiten und Fertigkeiten) und eigene Misserfolge eher äußeren Ursachen (der Situation, dem Zufall, etc.) zuzuschreiben.

Social Loafing   (Soziales Faulenzen)

Der Begriff Soziales Faulenzen (engl. social loafing) beschreibt ein sozialpsychologisch relevantes Phänomen in einer Gruppe. Sobald Individuen im Kollektiv mit anderen auf ein gemeinsames Ziel hinarbeiten und dabei ihre Einzelleistung nicht bekannt wird, reduziert sich ihre physiologische Anspannung. Die Gesamtleistung kann dabei deutlich geringer sein als die jeweilig zu erwartenden Einzelleistungen. Außerdem geht man in Gruppen höhere Risiken ein, in dem die Verantwortung auf alle übertragen wird und damit nicht mehr so schwer wiegt

(Verantwortungsdiffusion). Teamwork ist nicht immer nur positiv.

Social Proof

Man übernimmt die Handlungen anderer unter der Annahme, dass diese Handlungen ein der Situation angemessenes Verhalten widerspiegeln. Dabei geht man davon aus, dass eine Idee umso korrekter ist je mehr Menschen diese richtig finden. Man sieht dabei den allseits bekannten Herdentrieb.

Stage Migration (Will-Rogers-Phänomen)

Das Will-Rogers-Phänomen (auf Englisch: stage migration) ist ein Effekt in der Mittelwertbildung von Gruppen: Durch einen Wechsel eines Elements von einer zur anderen Gruppe kann der Mittelwert in beiden Gruppen steigen (oder fallen). Statistiker sprechen hier manchmal lakonisch von einer kriminellen (Daten-)Vereinigung.

Story Bias

Geschichten verdrehen und vereinfachen die Wirklichkeit. Sie verdrängen alles was nicht hineinpassen will. Damit geben sie ein verzerrtes Bild der Realität. Wichtig ist dabei herauszufinden, was der Geschichtenerzähler für eigene Interessen verfolgt.

Strategische Falschangaben

Je mehr auf dem Spiel steht, desto mehr wird übertrieben und falsch dargestellt. Hier gilt es die Aussagen zu hinterfragen und an Fakten zu belegen.

Sunk Cost Fallacy

Ein Projekt wird durch die Begründung der bereits entstandenen und unwiderruflich verlorenen Kosten weitergeführt, obwohl eine Fortsetzung keinen Sinn macht. Rational entscheiden bedeutet hier die aufgelaufenen Kosten zu ignorieren; es zählt das Hier und Jetzt und die Einschätzung für die Zukunft.

Superstar Effekt

Man lässt sich schnell einschüchtern, wenn jemand prominentes anwesend ist.

Survivorship Bias

Die Erfolgswahrscheinlichkeit wird systematisch überschätzt. Man sieht nur die Erfolgreichen. Aber hinter jedem Erfolgreichen stehen hundert Gescheiterte - und diese haben oft die gleichen (Erfolgs-) Prinzipien angewandt.

Swimmer's Body Illusion

Die „Swimmer's Body Illusion" ist ein Fall von Vertauschen der Ursache und Wirkung und damit einer falschen Kausalität. Selektionskriterium und Ergebnis werden hierbei vertauscht: Große athletische Menschen schwimmen erfolgreich, weil sie einen solchen Körper haben, man bekommt diesen Körper aber nicht vom Schwimmen.

TINA - There Is No Alternative

Man lässt sich schnell von scheinbarer Alternativlosigkeit einschüchtern. Gerade Killerphrasen tun ihr Übriges dazu: „Das hat noch nie funktioniert"; „Das kann man nicht vergleichen"; „Das ist ebenso". Hier hilft nur hinterfragen und nach Alternativen zu suchen (TATA - There are Thousands of Alternatives).

Verlustaversion

Ein Verlust wiegt emotional höher wie ein Gewinn gleicher Größe. Beispielsweise ärgert man sich über den Verlust von 100 € mehr, als man sich über den Gewinn von 100 € freut.

Vernachlässigung der Wahrscheinlichkeit (The Neglect of Probability)

Dem Menschen fehlt ein intuitives Verständnis für Wahrscheinlichkeiten. Man unterscheidet nur schlecht zwischen verschiedenen Risiken. Hier hilft nur das Risiko statistisch zu ermitteln.

Wachstumsraten (Das exponentielle Wachstum)

Man hat kein Gefühl für exponentielles Wachstum. Bevor man zu falschen Schlüssen kommt, sollte man daher auf Berechnung zurückgreifen.

Zeigarnik-Effekt

An unterbrochene, unerledigte Aufgaben erinnert man sich besser als an abgeschlossene, erledigte Aufgaben. Dieser Befund ist aus gedächtnispsychologischer Sicht überraschend, da er auch auftritt, wenn für unterbrochene Aufgaben weniger Zeit aufgebracht wurde als für die erledigten Aufgaben. Damit unerledigte Aufgaben nicht ständig im Kopf umhergeistern, empfiehlt es sich Pläne zu machen bzw. die unerledigten Sachen zu notieren. Damit ist der Geist meist zunächst beruhigt.

Literaturverzeichnis

1. **Koch, Richard, Mader, Friedrich und Schöbitz, Birgit.** *Das 80/20 Prinzip: Mehr Erfolg mit weniger Aufwand.* Frankfurt am Main : Campus Verlag, 2008. ISBN: 978-3593386836.

2. **Watzlawik, Paul.** *Anleitung zum Unglücklichsein.* München : Piper Verlag GmbH, 2005. ISBN: 978-3492044745.

3. **Brandt, Michael.** *Wie alt ist die Menschheit? Demographie und Steinwerkzeuge mit überraschenden Befunden.* Holzgerlingen : Hänssler Verlag, 2017. ISBN: 978-3775156660.

4. **Ganten, Detlev, Sphal, Thilo und Deichmann, Thomas.** *Die Steinzeit steckt uns in den Knochen: Gesundheit als Erbe der Evolution.* München : Piper Verlag GmbH, 2011. ISBN: 978-3492052719.

5. **Kreisl, Michelle.** Bewusstseinsforschung. [Online] 2013. https://austria-forum.org/af/Sparkling_Science/A ufsatzsammlung/Bewusstseinsforschung.

6. **Miller, George Armitage.** The magical number seven, plus or minus two: Some limits on our capacity for processing information. *The Psychological Review.* 1956, 63.

7. **Chabris, Christopher, Simons, Daniel und Mallett, Dagmar.** *Der unsichtbare Gorilla: Wie unser Gehirn sich*

täuschen lässt. München : Piper Verlag GmbH, 2011. ISBN: 978-3492053518.

8. **Kahneman, Daniel und Schmidt, Thorsten.** *Schnelles Denken, langsames Denken.* München : Siedler Verlag, 2012. ISBN: 978-3886808861.

9. **Thaler, Richard H., Sunstein, Cass R. und Bausum, Christoph.** *Nudge: Wie man kluge Entscheidungen anstößt.* Berlin : Econ Verlag, 2009. ISBN: 978-3430200813.

10. **Dobelli, Rolf.** *Klar denken, klug handeln: 104 Denkfehler und Irrwege, die Sie besser anderen überlassen.* München : Carl Hanser Verlag GmbH & Co. KG, 2015. ISBN: 978-3446445130.

11. **Mukerj, Nikil.** *Die 10 Gebote des gesunden Menschenverstands.* Heidelberg : Springer-Verlag GmbH, 2016. ISBN: 978-3662503386.

12. **Loyd, Sam.** *Sam Loyd's Cyclopedia of 5000 Puzzles Tricks and Conundrums with Answers.* s.l. : Ishi Press, 2007. ISBN: 978-0-923891-78-7.

13. **Dudenredaktion.** *Duden - Deutsches Universalwörterbuch: Das umfassende Bedeutungswörterbuch der deutschen Gegenwartssprache.* Berlin : Bibliographisches Institut, 2015. ISBN: 978-3411055081.

14. **Dobelli, Rolf.** *Die Kunst des guten Lebens: 52 überraschende Wege zum Glück.* München : Piper Verlag GmbH, 2017. ISBN: 978-3492058735.

15. **Weltgesundheitsorganisation (WHO).** Masernaus-brüche dauern an: Impfung vor Reisen und Teilnahme an Massenveranstaltungen empfohlen. [Online] 2011. http://www.euro.who.int/de/health-topics/disease-preve ntion/vaccines-and-immunization/news/news/2011/07/ measles-outbreaks-continue-be-vaccinated-before-trave lling-and-attending-large-public-events.

16. **Onmeda.** Magengeschwür (Ulcus ventriculi). [Online] 2017. http://www.onmeda.de/krankheiten/mag engeschwuer.html.

17. **Serrat, Olivier.** Five Times Why Technique. [Online] Asian Development Bank, 2009. https://www.adb.org/p ublications/five-whys-technique.

18. **Ohno, Taiichi und Rother, Mike.** *Das Toyota-Produktionssystem.* Frankfurt am Main : Campus Verlag, 2013. ISBN: 978-3593399294.

19. **Le Ker, Heike.** AOK-Krankenhausreport: Mehr Tote durch Behand-lungsfehler als im Straßenverkehr. [Online] Spiegel Online, 2014. http://www.spiegel.de/ge sundheit/diagnose/aok-krankenhaus-report-2014-19-00 0-tote-durch-behandlungsfehler-a-944615.html.

20. **Fetzer, James H. und Schlesinger, George.** *Principles of Philosophical Reasoning.* Lanham : Rowman & Littlefield, 1984. ISBN: 978-0847671588.

21. **Kallmeyer, Jörg.** Auf der Flucht vor dem Flüchtlingsproblem. [Online] 2018. http://www.haz.de/

Nachrichten/Politik/Deutschland-Welt/Auf-der-Flucht-vor-dem-Fluechtlingsproblem.

22. **Sarrazin, Thilo.** *Deutschland schafft sich ab: Wie wir unser Land aufs Spiel setzen.* München : Deutsche Verlags-Anstalt, 2010. ISBN: 978-3421044303.

23. **Bierhoff, Hans-Werner.** *Sozialpsychologie: Ein Lehrbuch.* Stuttgart : Kohlhammer Verlag, 2006. ISBN: 978-3170188426.

24. **Fokus Online.** Falkner erklärt: Darum sind Raubvögel unverzichtbar. [Online] 2016. https://www.focus.de/panorama/wuestenbussard-sally-greifvogel-schuetzt-flugzeuge-vor-vogelschlag_id_5744321.html.

25. **Shainin, Richard.** Strategies for Technical Problem Solving. *Quality Engineering.* 1993, Bd. 5, 3.

26. **Kepner, Charles H. und Tregoe, Benjamin B.** *Der Rationale Manager: Aktualisierte Ausgabe für eine neue Welt.* s.l. : BookBaby, 2013. ISBN: 9781483500522.

27. **Kern, Johannes.** *Ishikawa Diagramme. Ursache-Wirkungs-Diagramme als Qualitätswerkzeuge.* München : Grin Verlag, 2009. ISBN: 9783640284146.

28. **Jung, Berndt, Schweißer, Stefan und Wappis, Johann.** *8D - Systematisch Probleme lösen.* München : Carl Hanser Verlag GmbH, 2017. ISBN: 978-3446446472.

29. **Klein, Bernd.** *Versuchsplanung - DoE: Einführung in die Taguchi/Shainin-Methodik.* Oldenburg : De Gruyter Oldenburg, 2014. ISBN: 978-3486778427.

30. **Schmelzer, Almut.** *Six Sigma - Kompakt und praxisnah: Prozessverbesserung effizient und erfolgreich implementieren.* Wiesbaden : Springer Gabler, 2015. ISBN: 978-3658098537.

31. **Küppers, Victor.** *Vivir la vida con sentido.* Muntaner : Plataforma Editorial S. L., 2016. ISBN: 978-8416620791.

32. **Priese, Jörg.** Das Hafenmeisterprinzip. [Online] http://drpriese.de/das-hafenmeisterprinzip/.

33. **Kruger, Justin und Dunning, David.** Unskilled and unaware of it: How difficulties in recognizing one's own incompetence lead to inflated self-assessments. *Journal of Personality and Social Psychology.* 1999, Bd. 77, 6, S. 1121-1134.

34. **Ariely, Dan, Gockel, Gabriele und Zybak, Maria.** *Wer denken will, muss fühlen: Die heimliche Macht der Unvernunft.* München : Droemer TB, 2015. ISBN: 978-3426300893.

35. **Milgram, Stanley und Fleissner, Roland .** *Das Milgram-Experiment: Zur Gehorsamsbereitschaft gegenüber Autorität.* Berlin : Rowohlt Taschenbuch Verlag, 1982. 978-3499174797.

Zeitfracht Medien GmbH
Ferdinand-Jühlke-Straße 7
99095 Erfurt, Deutschland
produktsicherheit@kolibri360.de